300 test DE INGLÉS

Anthony BULGER

ASSiMiL®

Unit 1
BASICS

Focus *To be* (indicativo) y formas contraídas

Answers p. 11

Completa con las formas del verbo ***to be*** (ser/estar).

1. We _____ all from London.

   (A) is (B) are (C) am

2. I _____ English, from Liverpool.

   (A) am (B) is (C) are

3. How _____ you today?

   (A) am (B) is (C) are

4. You _____ very kind.

   (A) is (B) are (C) am

5. It _____ a nice day.

   (A) is (B) am (C) are

6. He _____ an interesting person.

   (A) are (B) am (C) is

Hint **It** es el pronombre personal neutro de la tercera persona del singular. Se escribe igual cuando es sujeto que cuando es complemento. Dado que en inglés los sustantivos no tienen género, **it** se utiliza para todo lo que no tiene género masculino o femenino. También es un pronombre impersonal que se utiliza para hablar de algunas situaciones en las que no se puede atribuir la acción a una persona: **It's a nice day**, *Hace un buen día, Hace bueno.*

Ahora, elige la forma contraída correcta de ***to be*** (ser/estar).

1. (He is) an interesting person.

   (A) H'es (B) He's (C) Hes

2. (We are) in London for the weekend.

   (A) We're (B) Were (C) Wer'e

3. (I am) Steve Dyson. Who are you?

   (A) I'm (B) Im (C) Im'

4. (You are) right.
   - **A** Your
   - **B** You'r
   - **C** You're

5. (They are) good friends.
   - **A** The're
   - **B** They're
   - **C** Their

Hint La contracción se forma eliminando la vocal inicial en la forma contraída del verbo. Sin embargo, el pronombre no cambia.

Focus *To be* (negativo) y formas contraídas

*Completa con las formas del verbo **to be** en negativo y sus contracciones.*

1. Edinburgh _____ in Wales.
   - **A** is in not
   - **B** not are
   - **C** is not

2. You _____ my friend.
   - **A** are not
   - **B** is not
   - **C** not are

3. I _____ here for the party.
   - **A** not am
   - **B** am not
   - **C** is not

4. We _____ interested in politics.
   - **A** is not
   - **B** not is
   - **C** are not

*Ahora, pon la forma negativa contraída de **to be**. Recuerda que hay dos formas posibles para cada pronombre, salvo uno.*

1. They _____ on holiday this week.
   - **A** arent
   - **B** arn't
   - **C** aren't
   - **D** 're not

2. Sam _____ married to Sally.
   - **A** is'not
   - **B** isn't
   - **C** aren't
   - **D** 's not

3. I _____ from the city of Birmingham.
   - **A** m'nt
   - **B** 'not
   - **C** 'mn't
   - **D** 'm not

4. You _____ not too early.

(A) isn't (B) ain't (C) 're not (D) aren't

5. I hope we _____ late.

(A) aren't (B) are'nt (C) 're not (D) ren't

Hint La contracción negativa de **to be** y de algunos otros auxiliares se forma de dos maneras: se sustituye la vocal del verbo por un apóstrofo y se unen las consonantes al pronombre (o nombre) sujeto **(we're not Spanish, Pablo's not English)** o se unen el verbo y el adverbio de negación **not**, en el cual se sustituye la vocal por un apóstrofo **(Pablo isn't English, he isn't English, we aren't Spanish)**.

Focus Las formas interrogativas de *to be*

Answers p. 11

Formula las siguientes frases en forma interrogativa.

1. Mike and Lisa are from Cambridge.

(A) Is Mike and Lisa from Cambridge?

(B) Mike and Lisa are from Cambridge?

(C) Are Mike and Lisa from Cambridge?

2. He is Sarah's cousin.

(A) Is Sarah his cousin?

(B) He's Sarah's cousin?

(C) Is he Sarah's cousin?

3. Her name is Jean McDonald.

(A) Is her name Jean McDonald?

(B) Is Jean McDonald is name?

(C) Jean McDonald her name is?

4. We're very tired!

(A) Is we very tired?

(B) Are'we very tired?

(C) Are we very tired?

Hint La forma contraída no se utiliza cuando se hace una pregunta.

Formula las siguientes frases en la forma interrogativa negativa.

1. She's Spanish.
   - A Is she Spanish?
   - B Is not she Spanish?
   - C Isn't she Spanish?

2. I am an uncle.
   - A An't I an uncle?
   - B Am I not an uncle?
   - C Ins't I an uncle?

3. Sam and Dave are brothers.
   - A Sam and Dave aren't brothers?
   - B Aren't Sam and Dave brothers?
   - C Are Sam and Dave brothers?

4. We're very late for the movie.
   - A We're not very late for the movie?
   - B Aren't we very late for the movie?
   - C We aren't very late for the movie?

Focus Las « tags »

Elige la «tag» correcta para completar las siguientes respuestas. (Puede haber más de una respuesta válida).

1. – Is Dave a grandfather? – Yes _____.
   - A he's
   - B he am
   - C he is

2. – Are they in the garden? – No _____.
   - A they not
   - B theyrn't
   - C they aren't
   - D they're not

3. – Are we lost? – No _____.
   A we're not B we aren't C we isn't D we is not

4. – Are they interested in sport? – Yes _____.
   A they is B they are D are they

5. – Are you happy? – Yes _____.
   A I'm B I am D we are

Añade la «tag» correcta para completar las siguientes preguntas.

1. It's very difficult, _____?
   A it's not B it isn't C isn't it

2. She isn't your wife, _____?
   A isn't she B is she C is she not

3. I'm right, _____?
   A aren't I B am I C amn't I

Hint En la forma negativa, hay dos posibilidades de formar las «tags» (o «question tags») al final de la frase: o bien se unen el verbo **to be** y la negación **(he isn't)**, o bien se unen el verbo y el pronombre, dejando **not** completo **(he's not)**. El significado no varía. La regla básica es: verbo afirmativo, «tag» negativa; verbo negativo, «tag» afirmativa.

Focus Las palabras interrogativas que comienzan por wh-

Answers p. 11

Elige el adverbio interrogativo correcto.

1. _____ is your husband?
   A Where B When C Why

2. _____ are you sad?
   A What B Why C Who

3. _____ is your name, please?
   A Who B What C Where

4. _____ is over there in the corner?
   A Why — B When — C Who

5. _____ of these films is your favourite?
   A Where — B Which — C What

6. _____ is your plane?
   A When — B What — C How

7. _____ is the man over there with the kids?
   A Whom — B Who — C What

8. – _____ are you? – Very well, thank you.
   A Who — B Where — C How

Hint Como la letra «h» es muda en los adverbios interrogativos, cada palabra comienza con el sonido [w] (pronunciado [u]), salvo **how**, donde la primera letra debe ser aspirada.

Focus Las preposiciones y los artículos

Utiliza la preposición o el artículo correctos, cuando sea necesario.

Answers p. 11

1. This is my nephew. He's _____ Liverpool.
   A at — B from — C to

2. We live _____ a big house.
   A in — B at — C for

3. I'm here _____ my children.
   A at — B with — C it

4. The meeting is _____ Monday.
   A in — B at — C on

5. I'm hungry. I want _____ apple.
   A a — B an — C Ø

6. This is a photograph _____ my daughter.
   A of — B at — C Ø

7. We're _____ holiday.

   A in   B on   C to

8. My parents are _____ home this week.

   A in   B at   C Ø

9. This is _____ article about language.

   A an   B a   C Ø

Verbos

to be *ser/estar* (auxiliar de los tiempos progresivos o continuos)

I am *yo soy/estoy*	**we are** *nosotros/-as somos/estamos*
you are *tú eres/estás / vosotros/-as sois/estáis*	**they are** *ellos/ellas son/están*
he/she/it is *él/ella/neutro es/está*	

to hope	*esperar*
to want	*querer*
to be late	*llegar tarde*
to be early	*llegar temprano*
to be lost	*estar perdido/-a*
to be interested (in)	*estar interesado/-a (en)*
to be tired	*estar cansado/-a*
to be on holiday	*estar de vacaciones*
to be married (to)	*estar casado/-a (con)*
to be hungry	*tener hambre*
to be cold	*tener frío*
to be right	*tener razón*

Sustantivos

apple	*manzana*
corner	*esquina* (piensa en el fútbol: *un corner = un saque de esquina*)
day	*día*
favourite	*preferido/-a*
film (GB) / movie (US)	*película*
friend	*amigo/-a*
holiday	*vacaciones*
home / at home	*casa / en casa* (con el sentido de *hogar*)
house	*casa*
language	*lengua* (medio de comunicación)
name	*nombre*
photograph/photo	*fotografía / foto*
plane	*avión*
today	*hoy*
Wales	*Gales*
week	*semana* (ver Unit 3)

Familia

child/children	*hijo(s)*
husband	*marido*
kid	*niño/-a*
parent	*padre* (padre, madre)
wife	*mujer* (esposa)

Unit 1
VOCABULARY

Adjetivos*

big	*grande*
English	*inglés* (nacionalidad e idioma siempre con mayúscula inicial)
Spanish	*español* (nacionalidad e idioma siempre con mayúscula inicial)
good	*bueno*
happy	*feliz*
kind	*amable*
nice	*agradable, simpático*
sad	*triste*
tired	*cansado*

* Los adjetivos en inglés no tienen género ni plural. En la traducción solo ponemos el masculino singular.

Note La lista de vocabulario que presentamos al final de cada módulo incluye algunas palabras y expresiones vistas en los ejercicios. En general, este vocabulario es igual en inglés británico y estadounidense; cuando hay diferencias se señalan. Sin embargo, ciertos americanismos –por ejemplo **movie** en lugar de **film**– han calado entre los británicos (y otros angloparlantes); los indicaremos a medida que avancemos.

Unit 1
ANSWERS

YOUR SCORE:

Basics

PAGE 2

To be (indicativo) y formas contraídas

1 B | 2 A | 3 C | 4 B | 5 A | 6 C

1 B | 2 A | 3 A | 4 C | 5 B

PAGES 3-4

To be (negativo) y formas contraídas

1 C | 2 A | 3 B | 4 C

1 C y D | 2 B y D | 3 D* | 4 C y D | 5 A y C

* Une seule forme possible.

PAGES 4-5

Las formas interrogativas de **to be**

1 C* | 2 C | 3 A | 4 C

1 C | 2 B** | 3 B | 4 B

* En inglés, como en español, a menudo puedes hacer una pregunta subiendo el tono de voz al final de una oración afirmativa (*¿Es tu hermano?*) Pero el objetivo de este libro es ayudarte a asimilar el gramática normativa.

** No hay contracción posible de la primera persona negativa o interrogativa en **to be**. Dicho esto, en inglés coloquial, también hay una forma incorrecta pero común, **ain't**, que se encuentra entre otras cosas en la música popular o en la jerga. Evita usarlo (¡a menos que vayas a componer un *blues*)!

PAGES 5-6

Las «tags»

1 C | 2 C y D | 3 A y B | 4 B | 5 B

1 C | 2 B | 3 A

Truco: Recuerda que las «tags» afirmativas no tienen contracciones.

PAGES 6-7

Las palabras interrogativas que comienzan por **wh-**

1 A | 2 B | 3 B | 4 C | 5 B | 6 A | 7 B * | 8 A

* En un registro formal, el pronombre **whom s**e usa para un complemento directo o indirecto. Sin embargo, en el inglés cotidiano, tanto escrito como hablado, se reemplaza por **who**.

PAGES 7-8

Las preposiciones y los artículos

1 B | 2 A | 3 B | 4 C | 5 B | 6 A | 7 B | 8 B | 9 A

¿Has obtenido entre 0 y 15? Revisa todas las preguntas para repasar los errores que has cometido.
¿Has obtenido entre 16 y 31? No está mal, pero todavía lo puedes hacer mejor.
¿Has obtenido entre 32 y 47? ¡Genial! Analiza los errores y, si es necesario, revisa los conceptos que más dificultades te presentan.
¿Has obtenido 48 o más? You're really very good!

Unit 2
BASICS

Focus El plural

Pon estos sustantivos en plural.

Answers p. 20

1. I have some _____ for you.
   - A question
   - B questiones
   - C questions

2. The shop sells leather _____ and _____.
   - A handbags – briefcasies
   - C handbags – briefcases
   - B handbags – briefcasses

3. Please accept my _____.
   - A apologies
   - B apologys
   - C apologes

4. London _____ are red.
   - A bus
   - B buses
   - C busies

5. Tom and Sandra have three _____.
   - A childs
   - B childes
   - C children

Hint El plural de un sustantivo normalmente se forma añadiendo una **-s** al final (**question → questions**). Si la palabra ya termina en **-s**, se añade **-es (bus → buses)**. Los sustantivos que terminan con una consonante seguida de una **y** forman el plural con **-ies (apology → apologies)**. También hay algunos plurales irregulares, por ejemplo, **child**, *(niño/-a)* **→ children**.

Ahora hablemos de la edad.

1. How old _____ you?
   - A have
   - B be
   - C are

2. This is my son. He _____ twenty-two.
   - A is
   - B has
   - C are

3. – _____ you twenty-one? – No, I _____ only twenty.
   - A Have – 've
   - B Are – are
   - C Are – am

Hint En inglés, se «es» la edad. En este contexto, se utiliza el verbo **to be** para traducir *tener*, sin especificar el concepto de años: **I am twenty**, *Tengo 20 años*. Esta sustitución de **to be** por *tener* se utiliza también en otras expresiones.

Focus *To have* (indicativo)

Answers p. 20

Conjuga el verbo en afirmativo.

1. We _____ some questions to ask you.
   - A has
   - B have
   - C had
2. Alex _____ three children: two boys and a girl.
   - A has
   - B have
   - C had
3. – I _____ some work to do tonight. Are you free tomorrow? – No, I'm not.
   - A has
   - B is
   - C have
4. They're late. They _____ an appointment at eight o'clock.
   - A has
   - B have
   - C had
5. I think that we _____ a good opportunity to win the match.
   - A have
   - B hid
   - C has

Hint Se puede usar la forma contraída del verbo **(have → 've; has → 's)**. Sin embargo, para evitar confusiones, es preferible mantener la forma completa, ya que la tercera persona del singular de **to be** es idéntica a la de **to have (-'s)**.

Focus Los adjetivos posesivos singulares y plurales

Elige el adjetivo posesivo singular correcto.

1. – Are you ready to go? Here are _____ keys. – Thanks.
   - A you're
   - B your
   - C you
2. That belongs to Frank. It's _____ mobile phone.
   - A his
   - B her
   - C he
3. But this belongs to Susan. It's _____ phone.
   - A his
   - B her
   - C she
4. – Where are ____ shoes and where is ____ handbag? – They're here.
   - A me – me
   - B my – my
   - C mys – my

Ahora utiliza la forma plural.

1. Hi Jennifer, hi Max. Are these _____ children?
   A your B yours C you're

2. – This is _____ daughter. Her name's Emily. – Nice to meet you, Emily.
   A our B ours C hour

3. – They really like _____ new house. – Of course, it's very comfortable.
   A they're B their C there

Hint Ten cuidado con los homófonos, esas palabras que tienen una pronunciación idéntica pero una ortografía diferente: por ejemplo, **their** *(su)* y **they're** *(ellos son)*.

Focus Los adjetivos demostrativos (*this*, *that*, *these*, *those*)

Answers p. 20

Elige la opción correcta.

1. Look at _____ man over there. I know him: he's a famous singer.
   A that B this C these

2. – _____ is my brother Mike. – Hi, Mike.
   A That B Those C This

3. _____ books here are too expensive.
   A They B Them C Those

4. Who are _____ people near the door?
   A those B these C them

5. _____ exercise is easy but _____ on the next page are quite difficult.
   A This – these B This – those C Those – this

6. Give me _____ things on the desk, please.
   A that B those C this

7. – What's _____ noise in the distance? – It's a train.
   A these B this C that

8. Malcom arrives _____ evening at seven o'clock.
   - (A) this
   - (B) that
   - (C) those

9. – Do you want anything else? – No, _____ is all thank you.
   - (A) this
   - (B) these
   - (C) that

Hint Los adjetivos posesivos indican la proximidad o lejanía en el espacio; se utiliza **this/these** si el o los objetos están cerca del hablante y **that/those** si están lejos.

Focus El artículo definido (*the*)

Answers p. 20

Completa con el artículo definido si es necesario.

1. I'm in France for _____ conference on climate change.
   - (A) the
   - (B) Ø

2. Monique is _____ person who wants to learn English with us.
   - (A) the
   - (B) Ø

3. I really love _____ music.
   - (A) the
   - (B) Ø

4. This is _____ fourth question in the exercise.
   - (A) the
   - (B) Ø

5. All her friends live in _____ Scotland.
   - (A) the
   - (B) Ø

6. A new mission to _____ Moon is planned for next year.
   - (A) the
   - (B) Ø

7. _____ movie with Lady Dada is really good.
   - (A) The
   - (B) Ø

8. I speak _____ English and _____ French.
   - (A) the – the
   - (B) the – Ø
   - (C) Ø - Ø

9. Are you here for _____ business or for _____ pleasure?
   - (A) the – *rien*
   - (B) the – Ø
   - (C) Ø - Ø

Unit 2
BASICS

Hint El artículo definido es invariable y se utiliza para señalar un objeto o una persona identificable según el contexto o una situación dada (por ejemplo, **the conference** = *a la que asisto*) o algo único (**the Moon**, *la Luna*). No se utiliza con sustantivos genéricos (**music**, *la música*).

Focus Las cifras y los números

Answers p. 20

Selecciona la opción correcta de los siguientes números en letras.

1. 7
   A nine B seven C eight
2. 12
   A two B twelve C thirteen
3. 3
   A two B thirteen C three
4. 18
   A fifteen B eighteen C canteen
5. 1
   A ounce B once C one
6. 2
   A ten B too C two
7. 15
   A five B fifteen C twelve
8. 8
   A six B eight C ate
9. 19
   A nineteen B sixteen C nine
10. 4
    A five B four C for
11. 10
    A ten B teen C fifteen

12. 5

(A) fine (B) five (C) fifteen

Hint El sufijo **-teen** es una deformación de **ten**, *diez*. Se añade a los números del 13 al 19 para indicar *decena* **(fourteen = four + ten = 14). A teenager** es un adolescente cuya edad está comprendida entre los 13 **(thirteen)** y los 19 **(nineteen)** años.

Verbos

to have *tener*

I have *tengo*	**we have** *tenemos*
you have *tienes / tenéis*	**they have** *tienen*
he/she/it has *tiene*	

to ask	*preguntar*
to belong (to)	*pertenecer* (a)
to go	*ir*
to live	*vivir, habitar*
to love	*amar, gustar*
to sing	*cantar*
to thank	*agradecer*
to win	*ganar* (concurso, etc.)
to work	*trabajar, funcionar*

Adverbios, pronombres, etc.

something **anything**	*algo* (afirmativo) *algo* (negativo / interrogativo)
only	*solamente* (adverbio), *solo* (adjetivo)
there	*allí*

Unit 2
VOCABULARY

next	*siguiente, próximo*
quite	*bastante*
really	*realmente, verdaderamente*

Sustantivos

apology ✋!	*disculpas*
book	*libro*
boy	*chico*
briefcase	*cartera, maletín*
business	*negocios* (actividad profesional)
conference ✋!	*congreso*
door	*puerta*
girl	*chica*
handbag	*bolso de mano*
house	*casa*
key	*llave*
leather	*cuero, piel*
man	*hombre*
person (pl. **people**)	*persona, gente*
phone **mobile phone** (GB), **cellphone** o **cell** (US)	*teléfono* (apócope de **telephone**) *teléfono móvil*
shop	*tienda*
thing	*cosa*
tomorrow	*mañana*
woman	*mujer* (sexo femenino)
work	*trabajo*

Adjetivos

comfortable	*cómodo*
desk	*escritorio*
evening	*noche*
expensive	*caro*
famous	*famoso*
free	*gratis, gratuito*
new	*nuevo*
noise	*ruido*
old	*viejo*
pleasure	*placer*
ready	*listo, preparado*
red	*rojo*

Expresiones

Please	*Por favor*
Thank you, Thanks	*Gracias, Gracias* (coloquial)
Hello	*Hola*
Hi	*Hola* (coloquial)
Please accept my apologies.	*Le ruego me disculpe.*
How old are you?	*¿Cuántos años tiene(s)?*
Are you free?	*¿Estás libre?*
Nice to meet you.	*Encantado*

✋! Este símbolo señala un falso amigo (palabra inglesa idéntica o muy parecida a una palabra española, pero con significado diferente).

Unit 2
ANSWERS

YOUR SCORE:

Basics

PAGE 12
El plural; La edad
1 C | 2 C | 3 A | 4 B | 5 C
1 C | 2 A | 3 C

PAGE 13
To have (indicativo)
1 B | 2 A* | 3 C | 4 B* | 5 A
* **Had** est faux ici car c'est le passé simple.

PAGES 13-14
Los adjetivos posesivos singulares y plurales
1 B | 2 A | 3 B | 4 B
1 A | 2 A | 3 B

PAGES 14-15
Los adjetivos demostrativos (**this, that, these, those**)
1 A | 2 C | 3 C | 4 A | 5 B | 6 B | 7 C | 8 A | 9 A

PAGE 15
El artículo definido (**the**)
1 A | 2 A | 3 B | 4 A | 5 B | 6 A | 7 A | 8 C | 9 C

PAGES 16-17
Las cifras y los números
1 B | 2 B | 3 C | 4 B | 5 C | 6 C | 7 B | 8 B | 9 A | 10 B | 11 A | 12 B

¿Has obtenido entre 0 y 12? Revisa todas las preguntas para repasar los errores que has cometido.
¿Has obtenido entre 13 y 25? No está mal, pero todavía lo puedes hacer mejor.
¿Has obtenido entre 26 y 38? ¡Genial! Analiza los errores y, si es necesario, revisa los conceptos que más dificultades te presentan.
¿Has obtenido 39 o más? You're really very good!

Focus El presente simple afirmativo

Answers p. 31

Elige la opción correcta.

1. She _____ her bread from a bakery on the high street.
   A buy B buys C buyes
2. The petrol station is on Smith Street. You _____ left at the next traffic light.
   A turn B turns C turning
3. I don't know what they _____.
   A mean B means C meane
4. The file _____ ten minutes to download and a day to open!
   A take B taks C takes

Seguimos.

1. The prime minister is a happy person who is optimistic but who _____ a lot!
   A worry B worries C worrys
2. My colleague never _____ business and pleasure.
   A mixes B mixies C mix
3. The train _____ through the London suburbs and arrives at Saint Pancras.
   A pass B passes C past
4. The screen on my computer _____ blank after twenty seconds.
   A gos B goes C goses

Hint Si el verbo termina en **-s**, **-sh**, **-ch**, **-x** u **-o** (principalmente **to go**, *ir* y **to do**, *hacer*), se añade una **e** antes de la **s** que marca la tercera persona. Cuando hay una **y** final, esta cambia a **ie** antes de añadir la **s**.

Focus *Some / Any*

Añade la palabra que falta si es necesario.

1. I want _____ tea and _____ bread and butter, please.
   A some – any B any – some C some – some

Answers p. 31

2. She hasn't got _____ money, and the cash machine is empty.

(A) any (B) some (C) a

3. If you're hungry, there _____ apples in the fridge.

(A) are some (B) are any (C) is some

4. – Is there _____ milk for my coffee? – I'm sorry, I don't have _____.

(A) some – any (B) any – any (C) any – some

5. – Are there ____ supermarkets near here? – No, but there's ____ corner shop on West Street.

(A) any – some (B) some – any (C) any – a (D) some – an

6. We haven't got _____ time. _____ businessman wants to see us.

(A) some – Any (B) any – A (C) some – Some

7. There are _____ new bakeries on the High Street.

(A) some (B) any (C) Ø

8. Ah, but is there _____ bank?

(A) a (B) any (C) some

9. I must buy _____ sugar. There isn't _____ in the cupboard.

(A) a – any (B) some – some (C) some – any

Hint Usar **any** en una pregunta signific a que no se puede anticipar la respuesta, mientras que **some** generalmente implica la expectativa de una respuesta positiva.

Focus *There is / There are* para traducir «hay»

Completa estas frases con la o las formas correctas.

1. _____ a cash machine in the supermarket.

(A) There is (B) There are (C) There's

2. I'm afraid _____ no classes this week.

(A) there is (B) there are (C) there're

3. _____ not a coffee shop near here.

   (A) There is (B) There are (C) There's

4. _____ twenty people on the list for tickets the show.

   (A) There is (B) There's (C) There are

Elige las formas correctas negativas o interrogativas. (Puede haber más de una respuesta válida).

Answers p. 31

1. _____ a bank near here?

   (A) There is (B) Is there (C) Are there

2. _____ any jobs available at the moment.

   (A) There is no (B) There aren't (C) There isn't

3. _____ a big difference between the two airlines in terms of price.

   (A) There isn't (B) Their isn't (C) There is not

4. _____ many tourists in Oxford in the autumn and winter?

   (A) Are there (B) Is there (C) Isn't there

Focus Los días de la semana

¿Cuál es la traducción correcta?

1. miércoles

   (A) Wensday (B) Wednesday (C) Friday

2. lunes

   (A) Moonday (B) Monday (C) Munday

3. viernes

   (A) Firday (B) Wednesday (C) Friday

4. jueves

   (A) Thorsday (B) Tuesday (C) Thursday

5. martes

   (A) Thursday (B) Twosday (C) Tuesday

Answers p. 31

6. sábado y domingo
   - A Sunday and Saturday
   - B Saturday and Sunday
   - C Saturdae and Sundae

Hint Todos los días de la semana se escriben con mayúscula inicial y acaban en **-day**, es decir, *día*.

Focus Los números ordinales

Transforma estos números cardinales en ordinales:

1. 1
   - A oneth
   - B onest
   - C first
2. 2
   - A twoth
   - B second
   - C twost
3. 3
   - A threeth
   - B third
   - C threest
4. 4
   - A fourst
   - B first
   - C fourth
5. 8
   - A eighst
   - B eigth
   - C eighth
6. 9
   - A ninth
   - B nineth
   - C ninest
7. 5
   - A fiveth
   - B fivth
   - C fifth

Focus Los adjetivos

Todas las frases utilizan el adjetivo que se indica. ¿Cuál es la correcta?

1. big
   - A My aunt and uncle own big house in a suburb of Manchester.
   - B My aunt and uncle own a house big in a suburb of Manchester.
   - C My aunt and uncle own a big house in a suburb of Manchester.

2. young

Ⓐ They have three youngs children who all go to primary school.

Ⓑ They have three young children who all go to primary school.

Ⓒ They have three young childs who all go to primary school.

3. small

Ⓐ The supermarket on West Street is small and closes at the weekend.

Ⓑ The supermarket is small on West Street and closes at the weekend.

Ⓒ The supermarket small is on West Street and closes at the weekend.

4. easy

Ⓐ This is easy question: what's the French word for "bank"?

Ⓑ This is a easy question: what's the French word for "bank"?

Ⓒ This is an easy question: what's the French word for "bank"?

5. strong

Ⓐ You have an accent strong. Where are you from?

Ⓑ You have an strong accent. Where are you from?

Ⓒ You have a strong accent. Where are you from?

Answers p. 31

Hint Al contrario que en español, los adjetivos de nacionalidad se escriben con mayúscula inicial (**French**, **Scottish**, etc.).

Focus Los adjetivos derivados de sustantivos

Elige el adjetivo correcto derivado del sustantivo.

1. wind

Ⓐ windy Ⓑ window Ⓒ windish

2. sun

Ⓐ suny Ⓑ sunny Ⓒ sunful

3. beauty

Ⓐ beautifull Ⓑ beautyish Ⓒ beautiful

4. happiness
   A happi B happy C hapy

5. interest
   A interestish B interstable C interesting

Focus Los adjetivos con varias terminaciones posibles

Answers p. 31

Elige la opción correcta.

1. Her new novel is very _____.
   A interested B interesting C interestingish

2. Many people are _____ by the exhibitions at the art gallery in Soho.
   A shocking B shock C shocked

3. The conference was so _____ that I fell asleep.
   A bored B boring C boorish

4. I'm very _____ by the opportunity to work in her new company.
   A excitement B excited C exciting

Focus El orden de los adjetivos

Elige la opción correcta.

1. My best friend has a _____.
   A sports black car B black sports car C sports car black

2. They live in a _____ flat in the city centre.
   A nice modern B modern nice C modern and nice

3. – It's a _____. – No, I'm cold!
   A lovely hot day B hot lovely day C hot day lovely

4. She has a(n) _____ coat.
   A expensive blue leather
   B blue leather expensive
   C blue expensive leather

Hint Las reglas relativas al orden de los adjetivos son bastante complejas, pero la regla COMF te puede ayudar: Color, Origen, Material y Función. Por ejemplo: **a red French plastic chair**.

Verbos

to buy	*comprar*
to close	*cerrar*
to get	*obtener, poseer*
to know	*saber, conocer*
to mean	*significar*
to mix	*mezclar*
to pass	*pasar, atravesar*
to see	*ver*
to take	*tomar*
to turn	*girar*

Adverbios, pronombres, etc.

after	*después*
available	*disponible*
through	*a través*
what	*que, qué*
where	*donde, dónde*

Sustantivos

bank	*banco*
cash	*efectivo, metálico*
cash machine	*cajero autonómico*
computer	*ordenador*
corner	*esquina*
cupboard	*alacena, aparador*
exhibition !	*exposición*

Unit 3
VOCABULARY

file	*archivo*
flat (GB) **apartment** (US)	*apartamento* **Nota:** llamado así porque está dispuesto «en un plano», a diferencia de una casa.
fridge (refrigerator)	*nevera (refrigerador)*
happiness	*alegría, felicidad*
leather	*cuero, piel*
light **traffic light**	*luz* *semáforo*
minister **prime minister**	*ministro* *primer ministro*
ministry	*ministerio*
novel	*novela*
petrol (GB) ✋! **gasoline** / **gas** (US)	*gasolina*
petrol station / gas station	*estación de servicio*
price	*precio*
road	*carretera*
school **primary school**	*escuela, colegio* *escuela primaria*
screen	*pantalla*
street **high street**	*calle* *calle principal, calle comercial*
suburb ✋!	*barrio* (barrio residencial)
time	*tiempo*
wind	*viento*

Alimentación

bakery	*panadería* (**to bake**, *cocinar en horno*)
bread	*pan*

butter	*mantequilla*
coffee	*café*
milk	*leche*
sugar	*azúcar*

Periodos de tiempo

day	*día*
hour	*hora*
minute	*minuto*
moment **at** / **for the moment**	*momento* *en este / por el momento*
month	*mes*
second	*segundo*
week	*semana*
year	*año*

autumn (GB) **fall** (US)	*otoño* **Nota: to fall**, *caer*, como las hojas en esta estación
spring	*primavera*
summer	*verano*
winter	*invierno*

Los días de la semana*

Monday	*lunes*	**Friday**	*viernes*
Tuesday	*martes*	**Saturday**	*domingo*
Wednesday	*miércoles*	**Sunday**	*domingo*
Thursday	*jueves*		

* En inglés, los días de la semana se escriben siempre con mayúscula inicial.

Unit 3
VOCABULARY

Adjetivos

beautiful	bonito, magnífico
best	*mejor* (superlativo irregular de **good**, *bueno, bien*)
black	*negro*
blank	*vacío, en blanco* (pantalla, papel, etc.)
blue	*azul*
boring	*aburrido*
easy	*fácil*
empty	*vacío*
expensive	*caro*
flat	*plano* (ver tabla «Sustantivos» pág. 28)
happy	*feliz*
high	*alto*
hot	*caliente*
interesting	*interesante*
lovely	*adorable* (de **love**, *amor*)
shocked	*impactado, sorprendido*
shocking	*impactante, sorprendente*
small	*pequeño*
strong	*fuerte*
sunny	*soleado*
weak	*débil*
windy	*ventoso*
young	*joven*

Unit 3
CORRIGÉ

YOUR SCORE:

Basics

PAGES 21 - El presente simple afirmativo
1 B | 2 A | 3 A | 4 C
1 B | 2 A | 3 B | 4 B

PAGES 21-22 - Some / Any
1 C | 2 A | 3 A | 4 B | 5 C | 6 B | 7 A | 8 A | 9 C

PAGES 22-23 - There is / There are para traducir «hay»
1 A y C | 2 B | 3 A y C | 4 C
1 B | 2 B | 3 A y C | 4 A

PAGES 23-24 - Los días de la semana
1 B | 2 B | 3 C | 4 C | 5 C | 6 B

PAGE 24 - Los números ordinales
1 C | 2 B | 3 B | 4 C | 5 C | 6 A | 7 C

PAGES 24-25 - Los adjetivos
1 C | 2 B | 3 A | 4 C | 5 C

PAGES 25-26 - Los adjetivos derivados de sustantivos; Los adjetivos con varias terminaciones posibles
1 A | 2 B | 3 C | 4 B | 5 C
1 B* | 2 C | 3 B** | 4 B
* El sufijo **-ish** añadido a un adjetivo juega el mismo papel que *-oso* en español: **greenish**, *verdoso* (solo que **interestingish** no existe).
** **boorish**, *grosero, patán*

PAGE 26 - El orden de los adjetivos
1 B | 2 A | 3 A | 4 A

¿Has obtenido entre 0 y 14? Revisa todas las preguntas para repasar los errores que has cometido.
¿Has obtenido entre 15 y 30? No está mal, pero todavía lo puedes hacer mejor.
¿Has obtenido entre 31 y 46? ¡Genial! Analiza los errores y, si es necesario, revisa los conceptos que más dificultades te presentan.
¿Has obtenido 47 o más? You're really very good!

Unit 4
BASICS

Focus *To do* (indicativo)

Answers p. 42

Completa con la forma completa del verbo **to do** (hacer) *en presente simple.*

1. Catherine wants _____ an accounting course at Dublin university.
   (A) do (B) doing (C) to do
2. Who _____ the housework in your family?
   (A) do (B) dos (C) does
3. Look at the "What We _____" section of our website.
   (A) Doing (B) Does (C) Do
4. I must _____ this job before I go home.
   (A) to do (B) do (C) does

Ahora completa con la forma negativa correspondiente.

1. We _____ know how to solve the problem.
   (A) do not (B) doe not (C) does not
2. That firm really _____ understand its customers.
   (A) does not (B) do not (C) not does
3. "I _____ Want This" is a song from the new album by Kelly.
   (A) Does Not (B) Do Not (C) Doing Not
4. You can arrive early for the play, but it _____ start until eight o'clock.
   (A) do not (B) does not (C) did not

Hint El verbo **to do** en presente se pronuncia [du] en español, salvo en la tercera persona del singular, que se pronuncia [das].

Focus *To do* en forma negativa, contraída e interrogativa

Completa con el verbo **to do** *en la forma negativa con contracciones.*

1. My wife _____ want to move to San Francisco, because of the weather.
   (A) don't (B) doesn't (C) does n't

2. – Wine or beer? – Wine, please. I _____ like beer.
   (A) don't (B) doesn't (C) does'nt

3. We _____ need a map. I know the town very well.
   (A) doesn't (B) don't (C) do'nt

4. I have a headset for my phone but it _____ work.
   (A) don't (B) doesn't (C) doen't

Hint A veces escucharás, especialmente en canciones, la forma **don't** en la tercera persona del singular. Es un error muy habitual... ¡no lo imites!

Ahora pon estas frases en forma interrogativa.

Answers p. 42

1. She works in a hospital in Manchester.
   (A) Do she works in a hospital in Manchester?
   (B) Is she work in a hospital in Manchester?
   (C) Does she work in a hospital in Manchester?

2. Mason and Jennie live near your parents.
   (A) Do Mason and Jennie live near your parents?
   (B) Does Mason and Jennie live near your parents?
   (C) Are Mason and Jennie live near your parents?

3. I want to go to New Orleans next week.
   (A) Does you want to go to New Orleans next week?
   (B) Is it that you want to go to New Orleans next week?
   (C) Do you want to go to New Orleans next week?

4. They work in an office.
   (A) Do they work in an office?
   (B) Does they work in an office?
   (C) Work they in an office?

Answers p. 42

5. This app is great: it works with my new tablet.
   - A Do it work with your new tablet?
   - B It does work with your new tablet?
   - C Does it work with your new tablet?

Hint Pequeño recordatorio: para hacer una pregunta, mueve la «s» de la tercera persona del singular del verbo al auxiliar **to do**: **she works → does she work?**

Focus Los pronombres posesivos

Sustituye el adjetivo posesivo en negrita por el pronombre que corresponda...

1. That is **my** red jacket.
   - A That red jacket is me.
   - B That red jacket is the me.
   - C That red jacket is mine.

2. Which is **your** shirt: the black one or the green one?
   - A Which is yours?
   - B Which is your?
   - C Which is you'res?

3. These are **our** new rules for data safety.
   - A These new rules are hours.
   - B These new rules are ours.
   - C These new rules are the ours.

4. This is **her** blouse and this is **his** shirt.
   - A This is hers and this is his.
   - B This is her and this is his.
   - C This is she's and this is he's.

5. These are our reserved seats. Where are **their** seats?
   - A Where are they?
   - B Where are there's?
   - C Where are theirs?

Hint No utilices nunca el artículo definido con el pronombre posesivo. Por ejemplo, *el mío* y *la mía*, así como las formas plurales, se traducen todos por **mine**. Además, no olvides que **yours** es singular y plural *(tuyo(s) / vuestro(s))*. Simple, ¿verdad?

... y viceversa: sustituye el pronombre posesivo (en negrita) por su forma adjetival.

Answers p. 42

1. These seats are **theirs**.
   - A These are theirs seats.
   - B These are their seats.
   - C These are there seats.

2. This is **his** story. It's about his life in politics.
   - A This story is his.
   - B This story is him.
   - C This is her story.

3. This is your phone. Where is **mine**?
   - A Where is me phone?
   - B Where is my phone?
   - C Where is mine phone?

4. In terms of music, I like **hers** more than **his**.
   - A I like her music more than his.
   - B I like she music more than his.
   - C I like hers music more than his.

Focus El pronombre impersonal

¿Cuál es la redacción correcta? (Puede haber más de una respuesta válida).

1. They love their cat: _____ part of the family.
   - A its
   - B it's
   - C she

2. The baby needs _____ bottle.
   - A it's
   - B its
   - C his

3. _____ five o'clock. Time for tea.
   - A It's
   - B Its
   - C We're

Answers p. 42

4. I need my hat. – I know where _____ is.

   A it's B he C it

5. _____ urgent. I must see the doctor.

   A Its B It's C It is

Hint Si se desconoce el género de un bebé o de un animal, es habitual usar **it** en lugar de **he** o **she**.

Focus Los pronombres compuestos con *-thing*

Elige el pronombre correcto.

1. I like _____ that they serve in that new Italian restaurant. It's all delicious.

   A something B everything C every thing

2. If there is _____ that you need, you can email me.

   A anything B everything C some thing

3. Doctor, there is _____ in my eye.

   A any thing B anything C something

4. There is _____ on television this evening. Let's go to the cinema.

   A everything B something C nothing

5. You can have _____ that you want. _____ at all.

   A anything – Something

   B something – Anything

   C anything – Anything

Hint Lógicamente, el acento tónico recae siempre sobre la primera parte de la palabra, no sobre **-thing**.

Focus El genitivo sajón

Sustituye las palabras en negrita por una (a veces dos) de las opciones.

Answers p. 42

1. Basquiat is the **favourite artist of my brother**.
   - A my brothers favourite artist
   - B the favourite artist my brother's
   - C my brother's favourite artist

2. **The husband of Alison** is a stockbroker in New York.
   - A The husband's Alison
   - B Alison's husband
   - C The Alison's husband

3. **The driver of the bus** is called Reggie.
   - A The bus's driver
   - B *sin cambios* (ya que **bus** es un sustantivo inanimado)
   - C The bus driver

4. Next week, I am at **the cottage of my friends in the Cotswolds**.
   - A my friend's cottage in the Cotswolds
   - B my friends' cottage in the Cotswolds
   - C my friends Cotswolds' cottage

5. **The wallet of Mr Fox** is on the back seat of the car.
   - A Mr Fox's wallet
   - B Mr Fox' wallet
   - C The wallet of Mr Fox's

6. This is **the bedroom of the children**. That's why it's untidy.
   - A the children's bedroom
   - B children bedroom
   - C the childrens' bedroom

7. Nothing is formal. It's **an agreement for gentlemen**.
   - A a gentlemens' agreement
   - B a gentlemen agreement
   - C a gentlemen's agreement

8. – Whose is that razor? **– It is the razor of Ian.**
   - A It's Ian's razor.
   - B It's Ian's.
   - C It Ian's.

Answers p. 42

9. If you're near **the shop of the butcher**, buy some bacon.
   (A) the butcher's shop (B) the butcher's (C) butcher's shop

Hint Es importante no confundir la **-'s**, de la contracción de **is**, con el genitivo sajón. Por ejemplo, en la frase **She's Jim's wife**, la primera contracción se refiere al verbo *ser* mientras que la segunda es el genitivo sajón.

Focus Los verbos y las preposiciones

Completa con la preposición correcta si es necesario.

1. Look _____ the mess in your bedroom! It's dirty, too.
   (A) at (B) to (C) Ø
2. If you have your phone, you can call _____ me at this number.
   (A) to (B) for (C) Ø
3. Take _____ the first street on your right.
   (A) to (B) on (C) Ø
4. I want to talk _____ the manager, please.
   (A) to (B) at (C) Ø
5. He goes _____ work every morning at eight o'clock.
   (A) to (B) in (C) Ø
6. Think _____ the planet before you print this page.
   (A) about (B) at (C) Ø
7. Do these clothes belong _____ you?
   (A) at (B) to (C) Ø
8. Show _____ me your passport, please.
   (A) to (B) for (C) Ø
9. I worry _____ my job.
   (A) at (B) about (C) Ø

Hint Cuando aprendas un verbo nuevo, memoriza también la preposición que generalmente lo acompaña, si es el caso. Nota: existen diferencias entre el inglés y el español. Por ejemplo, **to look**, en el sentido de *mirar* (sin preposición) va seguido sistemáticamente de **at**.

Verbos

to do *hacer* (auxiliar de negación e interrogación)

I do	**we do**
you do	**they do**
he/she/it does	

must	*deber* (verbo defectivo, ver Unit 7)

to belong (to)	*pertenecer (a)*
to call / to be called	*llamar / llamarse*
to drive	*conducir*
to like	*gustar* (menos fuerte que **to love**)
to look (at)	*mirar (hacia) algo*
to move	*mover(se), desplazar(se)*
to need	*necesitar*
to play	*jugar*
to serve	*servir*
to show	*mostrar*
to solve	*resolver*
to start	*empezar, comenzar*
to talk (to)	*hablar (con)*
to think (about)	*pensar (en)*
to understand	*comprender, entender*
to work	*funcionar* (ver también Unit 2)
to worry	*preocuparse*

Unit 4
VOCABULARY

Pronombres posesivos

mine	*el mío, la mía, los míos, las mías*	**ours**	*el nuestro*, etc.
yours	*el tuyo / el vuestro*, etc.	**theirs**	*el suyo*, etc.
his / hers / its	*el suyo*, etc.		

Sustantivos

baby	*bebé*
bacon	*beicon*
bedroom	*cuarto, dormitorio* (**bed**, *cama*; **room**, *habitación*)
blouse	*camisa*
bottle	*botella*
butcher	*carnicero*
cat	*gato*
clothes	*ropa* (no tiene singular)
customer	*cliente*
driver	*conductor*
eye	*ojo*
family	*familia*
front	*delante, enfrente*
gentleman (pl. **gentlemen**)	*señor*
hat	*sombrero*
headset	*auricular* (audio)
housework	*sombrero*
jacket	*chaqueta*
morning	*mañana* (parte del día)

office	*oficina* (despacho)
play	*obra de teatro*
rule	*regla*
seat	*asiento, sede*
shirt	*camisa*
song	*canción*
stockbroker	*corredor de bolsa*
story	*historia*
town	*pueblo, ciudad* (más pequeño que **a city**)
wallet	*cartera, billetera*
wine	*vino*

Adjetivos

busy	*ocupado*
clean	*limpio*
dirty	*sucio*
great	*grande*
green	*verde*
real	*real*
right	*correcto, cierto*
tidy	*ordenado*
untidy	*ordenado*
wrong	*falso, equivocado*

Unit 4
ANSWERS

Basics

YOUR SCORE:

PAGE 32 – **To do** (indicativo)
1 C 2 C 3 C 4 B
1 A 2 A 3 B 4 B*
* **Did** es el pasado de **to do**.

PAGES 32-34 – **To do** en la forma negativa, contraída e interrogativa
1 B 2 A 3 B 4 B
1 C 2 A 3 C 4 A 5 C

PAGES 34-35 – Los pronombres posesivos
1 C 2 A 3 B 4 A 5 C*
1 B 2 A 3 B 4 A
* **There's** y **theirs** se pronuncian de la misma manera.

PAGES 35-36 – El pronombre impersonal
1 B* 2 B 3 A 4 C 5 B y C
* **It's** es la contracción de **it is**. Algunos angloparlantes confunden las dos grafías.

PAGE 36 – Los pronombres compuestos con **-thing**
1 B 2 A 3 C 4 C 5 C*
* **something** = *algo;* **anything** = *todo*

PAGES 37-38 – El genitivo sajón
1 C 2 B 3* B y C 4 B 5 A 6 A 7 C** 8*** A y B 9 A y B
* Como **a bus** no es un ser animado, no es apropiado usar el posesivo. Sin embargo, podemos usar la palabra para describir al conductor (*¿qué está conduciendo?*). En este caso, traducimos **a bus driver** por *un conductor de autobús*.
** **Gentlemen** es plural.
*** Se puede incluir el nombre en la respuesta, pero esta repetición es innecesaria.

PAGE 38 – Los verbos y las preposiciones
1 A 2 C 3 C 4 A 5 A 6 A 7 B 8 C 9 B

¿Has obtenido entre 0 y 14? **Revisa todas las preguntas para repasar los errores que has cometido.**
¿Has obtenido entre 15 y 30? **No está mal, pero todavía lo puedes hacer mejor.**
¿Has obtenido entre 31 y 45? **¡Genial! Analiza los errores y, si es necesario, revisa los conceptos que más dificultades te presentan.**
¿Has obtenido 46 o más? **You're really very good!**

Focus Los pronombres personales complemento

Answers p. 53

Elige el pronombre complemento correcto.

1. My colleagues refuse to help _____.
   A me — B I — C my
2. I promise to write to _____ next week.
   A her — B she — C hers
3. Where is my glass? I don't see _____.
   A he — B it — C him
4. Please inform _____ that the traffic is heavy.
   A their — B they — C them
5. Look at _____. He seems very sad.
   A he — B him — C her

Ahora coloca el pronombre complemento propuesto en el lugar adecuado en la frase.

1. him
   A Please him give my address in Chicago.
   B Please give him my address in Chicago.
   C Please give to him my address in Chicago.
2. them
   A I see them in the pub every night.
   B I them see in the pub every night.
   C I see in the pub them every night.
3. us
   A Can us they see? — B Can they see us? — C Can they us see?
4. it
   A This scarf is very warm. Please put on it.
   B This scarf is very warm. Please put it on.
   C This scarf is very warm. Please on put it.

Answers p. 53

5. you

- (A) I can you pick up at the airport if you like.
- (B) I can pick up you at the airport if you like.
- (C) I can pick you up at the airport if you like.

Hint El pronombre personal complemento siempre se coloca antes del verbo, a diferencia del español. Sin embargo, con un verbo con partícula (por ejemplo, **to pick up**), se coloca entre el verbo y la partícula.

Focus Los adverbios

Forma adverbios a partir de estos adjetivos.

1. quick
   (A) quicky (B) quickly (C) quicker
2. general
   (A) generally (B) generaly (C) general
3. really
   (A) realily (B) realy (C) really
4. precise
   (A) precisly (B) precisely (C) precisly
5. bad
   (A) badily (B) badyly (C) badly
6. slow
   (A) sloly (B) slowly (C) sloely

Focus Los adverbios de modo

Elige la opción correcta para completar cada frase.

1. We _____ do our shopping in big department stores.
   (A) always (B) although (C) allways

Answers p. 53

2. I'm very lucky because I'm ____ ill.
   - A rarely
   - B rarly
   - C really

3. I _____ cook dinner for the family.
   - A usual
   - B usually
   - C usualy

4. My kids ____ go to the movies but they prefer computer games.
   - A sometime
   - B sometimes
   - C some times

5. They _____ do the washing-up before they open their presents.
   - A occasionaly
   - B occasionnally
   - C occasionally

Focus El presente simple interrogativo

Pon las siguientes frases en forma interrogativa.

1. David *(to enjoy)* junk food and ready meals.
   - A Does David enjoys junk food and ready meals?
   - B Does David enjoy junk food and ready meals?
   - C Do David enjoy junk food and ready meals?

2. This method *(to work)* really well.
   - A Do this method works really well?
   - B Does this method work really well?
   - C Do this method really work well?

3. We *(to cook)* this food in the oven.
   - A Do we cook this food in the oven?
   - B Does we cooks this food in the oven?
   - C Do we cooks this food in the oven?

Answers p. 53

4. They *(to drink)* too much.
   - A Do they drinks too much?
   - B Do they too much drink?
   - C Do they drink too much?

5. It often *(to snow)* at Christmas.
   - A Does it often to snow at Christmas?
   - B Does it often snow at Christmas?
   - C Does snow it often at Christmas?

Seguimos.

1. Emma finishes work at noon.
   - A What time does Emma finishes work?
   - B What time does Emma finished work?
   - C What time does Emma finish work?

2. The number ten bus goes to the city centre.
   - A Which bus go to the city centre?
   - B Which bus goes to the city centre?
   - C Which bus gos to the city centre?

3. Our niece studies law and economics at Harvard.
   - A Where does your niece studies law and economics?
   - B Your niece, where she does study law and economics?
   - C Where does your niece study law and economics?

4. Alice and Luke leave on their honeymoon at noon tomorrow.
   - A When does Alice and Luke leaves on their honeymoon?
   - B When do Alice and Luke leave on their honeymoon?
   - C When Alice and Luke they leave on their honeymoon?

5. In English, you thank people by saying "Cheers".
   - (A) How do you to thank people in English?
   - (B) How you thank people in English?
   - (C) How do you thank people in English?

Answers p. 53

Hint No olvides las reglas relativas a la formación de la tercera persona del singular de los verbos acabados en **-o (-oes)**, **-ch**, **-sh**, **-x** y **-z (-es)**. Si el verbo termina en consonante seguida de **-y**, la marca de la tercera persona entonces es **-ies**.

Focus El plural

Comprobemos ahora tus conocimientos de las reglas de la formación del plural. ¿Cuál es el plural de los siguientes términos? Elige la forma correcta.

1. baby
   (A) babys (B) babies (C) babyes
2. potato
   (A) potatoes (B) potatos (C) potaties
3. plate
   (A) plats (B) plates (C) platen
4. knife
   (A) knifes (B) knives (C) knivs
5. chief
   (A) chiefs (B) chieves (C) chiefes
6. box
   (A) boxs (B) boxes (C) boxen
7. glass
   (A) glass (B) glases (C) glasses
8. man
   (A) mans (B) men's (C) men

Answers p. 53

9. foot
   - (A) foots
   - (B) footes
   - (C) feet

10. mouse
   - (A) mice
   - (B) mouses
   - (C) meece

11. roof
   - (A) rooves
   - (B) roofs
   - (C) reef

Hint Hay varios plurales irregulares de uso común. Además de los que has visto en este ejercicio, recuerda los siguientes sustantivos comunes: **fish,** *pescado* (pl. **fish**); **crisis**, *crisis* (pl. **crises**); **analysis,** *análisis* (pl. **analyses**). Véase también la Unit 12 sobre los «falsos plurales».

Focus El imperativo

Con los elementos propuestos, construye las frases en imperativo.

1. we: to open the presents
   - (A) Opening the presents!
   - (B) Let's open the presents!
   - (C) Must open the presents!

2. you (singular): to turn right at the traffic lights
   - (A) Turn right at the traffic lights.
   - (B) Let's go turn light at the traffic lights.
   - (C) Do to turn right at the traffic lights.

3. you (plural): not put the plates in the dishwasher
   - (A) Not you put the plates in the dishwasher.
   - (B) Don't put the plates in the dishwasher.
   - (C) Not put the plates in the dishwasher.

4. you (plural): always finish your food
   - (A) Finish always your food.
   - (B) Finish your food always.
   - (C) Always finish your food.

5. we: not go out

Ⓐ Let's not go out. Ⓑ Let's go not out. Ⓒ Don't let go out.

Hint Los adverbios **always** y **never** preceden siempre al imperativo, cosa que no ocurre en español.

Focus Los verbos y las preposiciones (continuación)

Answers p. 53

Añade la preposición correcta cuando sea necesario.

1. Give the present _____ her.

Ⓐ to Ⓑ at Ⓒ in

2. Put these saucers _____ the cupboard.

Ⓐ in Ⓑ to Ⓒ at

3. Ask him _____ some vegetables with your steak.

Ⓐ to Ⓑ for Ⓒ at

4. I agree _____ you: it's a fantastic meal.

Ⓐ to Ⓑ with Ⓒ Ø

5. Please answer _____ our questions.

Ⓐ to Ⓑ at Ⓒ Ø

Focus Los pronombres personales sujeto y complemento, los pronombres posesivos

Completa las siguientes frases.

1. _____ want you to give _____ an answer quickly.

Ⓐ I – I Ⓑ Me – I Ⓒ I – me

2. Please thank _____ when you see _____.

Ⓐ she – her Ⓑ her – she Ⓒ her – her

3. When can _____ come to visit _____?

Ⓐ you – us Ⓑ you – we Ⓒ them – us

Unit 5
BASICS

Answers p. 53

4. Tell _____ that _____ are welcome.
   - A they – them
   - B them – them
   - C them – they

5. Invite _____ to the party if you like, but _____ is busy this Saturday.
   - A he – he
   - B him – him
   - C him – he

6. Give that cup to _____! It's _____.
   - A I – mine
   - B me – my
   - C me – mine

7. This is _____ sports bag, and those running shoes are also _____.
   - A she – her
   - B hers – her
   - C her – hers

8. That big black suitcase is _____. I must give it to _____.
   - A theirs – them
   - B their – them
   - C them – their

9. I don't like _____ or _____ wife.
   - A he – his
   - B him – her
   - C him – his

10. Where is _____ cookery book? Ah, this one is _____.
    - A our – our
    - B our – us
    - C our – ours

Hint Los pronombres posesivos terminan en **-s**, a excepción de la primera persona **(mine)**.

Verbos

VOCABULARY

to agree	*estar / ponerse de acuerdo*
to go out	*salir*
to help	*ayudar*
to leave	*irse, marcharse*
to open	*abrir*
to pick	*coger, escoger*
to pick up	*recolectar, recoger*
to promise	*prometer*
to put	*poner*

to put on	*ponerse* (ropa)
to run	*correr*
to seem	*parecer*
to snow	*nevar*
to thank	*agradecer*
to welcome	*acoger, dar la bienvenida*
to write	*escribir*

Sustantivos

box	*caja*
Christmas	*Navidad*
city centre / town centre	*centro de la ciudad*
cookery	*cocina* (actividad)
food	*comida, alimento*
foot (pl. **feet**)	*pie*
game	*juego*
glass **glasses**	*vaso* *gafas, vasos*
honeymoon	*luna de miel* (lit. «miel-luna»)
junk **junk food**	*porquería, basura* comida basura
law	*ley*
luck	*suerte*
meal	*comida*
mouse (pl. **mice**)	*ratón*

Unit 5
VOCABULARY

night	*noche*
noon	*mediodía* (sinónimo de **midday**)
present	*regalo*
roof	*tejado, techo*
scarf	*bufanda*
snow	*nieve*
store (US) **department store** (US, GB)	*tienda* *gran almacén*
suitcase	*maleta*
vegetable	*verdura*

Adjetivos

bad	*malo*
cold	*frío*
heavy	*pesado, denso*
hot	*caliente**
ill	*enfermo*
quick	*rápido*
ready	*listo, preparado, dispuesto*
slow	*lento*
warm	*caliente, tibio*

* Más caliente que **warm**; los grifos indican **C** (**cold**) y **H** (**hot**). ¡Presta atención a la diferencia con el español!

Unit 5
ANSWERS

YOUR SCORE:

Basics

PAGES 43-44 – Los pronombres personales complemento

1 A | 2 A | 3 B | 4 C | 5 B

1 B | 2 A | 3 B | 4 B | 5 C

PAGE 44 – Los adverbios

1 B | 2 A | 3 C | 4 B | 5 C | 6 B

Las otras palabras propuestas son inventadas, salvo 1 c) **quicker** = *más rápido*.

PAGES 44-45 – Los adverbios de modo

1 A | 2 A | 3 B | 4 B | 5 C

PAGES 45-47 – El presente simple interrogativo

1 B | 2 B | 3 A | 4 C | 5 B

1 C | 2 B | 3 C | 4 B | 5 C

PAGE 47 – El plural

1 B | 2 A* | 3 B | 4 B | 5 A | 6 B** | 7 C | 8 C | 9 C | 10 A*** | 11 B

* Un vicepresidente estadounidense se burló de sí mismo al escribir **a potatoe** frente a una clase de primaria.

** Sin embargo, el plural –irregular– de **an ox**, *un buey*, es **oxen**.

*** **Mice** se aplica tanto a los roedores como a los accesorios de informática.

PAGES 48-49 – El imperativo

1 B | 2 A* | 3 B* | 4 C | 5 A

* Por supuesto, los dos significados de **you** (singular y plural) son idénticos.

PAGE 49 – Los verbos y las preposiciones (continuación)

1 A | 2 A | 3 B | 4 B | 5 C

PAGES 49-50 – Los pronombres personales sujeto y complemento, los pronombres posesivos

1 C | 2 C | 3 A | 4 C | 5 C | 6 C | 7 C | 8 A | 9 C | 10 C

Recordatorio: el pronombre posesivo no concuerda con el objeto poseído sino con el poseedor.

¿Has obtenido entre 0 y 19? Revisa todas las preguntas para repasar los errores que has cometido.

¿Has obtenido entre 20 y 39? No está mal, pero todavía lo puedes hacer mejor.

¿Has obtenido entre 40 y 59? ¡Genial! Analiza los errores y, si es necesario, revisa los conceptos que más dificultades te presentan.

¿Has obtenido 60 o más? You're really very good!

Unit 6
BASICS

Focus El presente simple interrogativo (continuación)

¿Qué pregunta corresponde a lo señalado en negrita?

Answers p. 64

1. **They** *(to take)* **sleeping pills** to go to sleep.
   - A Does they take sleeping pills?
   - B Do they to take sleeping pills?
   - C Do they take sleeping pills?

2. **There** *(to be)* **some chocolate biscuits** in the packet.
   - A Are there any chocolate biscuits?
   - B Do there any chocolate biscuits?
   - C Does there be chocolate biscuits?

3. **She** *(to feel)* **ill.**
   - A Do she feel ill?
   - B Do her feel ill?
   - C Does she feel ill?

4. **The movie** *(to be)* **on** at the Odimont cinema.
   - A Does the movie be on?
   - B Is on the movie?
   - C Is the movie on?

5. It's chilly and wet. **You** *(to need)* **a raincoat.**
   - A Does you needs a raincoat?
   - B Do you need a raincoat?
   - C Does you need a raincoat?

Hint Los sustantivos relacionados con el tiempo pueden convertirse en adjetivos añadiendo una **-y** final (doblando la consonante final si es necesario): **wind → windy** *(viento, ventoso)*, **sun → sunny** *(sol, soleado)*, **rain → rainy** *(lluvia, lluvioso)*, **chill → chilly** *(fresco, frío)*, etc.

Y aquí tienes otra serie.

1. **There** *(to be)* **a new doctor** in the village.
   - A Does there a new doctor?
   - B Is a doctor there?
   - C Is there a doctor?

2. I'm not very well. **I** *(to have)* **a sore throat.**
   - (A) Is you have a sore throat?
   - (B) Do you have a sore throat?
   - (C) Have you sore throat?

Answers p. 64

3. **Peter and Bob** *(to have)* **a phone number.**
   - (A) Peter and Bob, they have a phone number?
   - (B) Do Peter and Bob have a phone number?
   - (C) Does Peter and Bob has a phone number?

4. **My partner** *(to be)* **in the office**, but he's busy.
   - (A) Do your partner in the office?
   - (B) Does your partner in the office?
   - (C) Is your partner in the office?

5. **That Irish company** *(to plan)* to build a new shopping centre.
   - (A) Do that Irish company plan to build a new shopping centre?
   - (B) That Irish company, does it plan to build a new shopping centre?
   - (C) Does that Irish company plan to build a new shopping centre?

Hint A diferencia del español, que puede comenzar una pregunta con el sujeto (ej.: *¿El proyecto es fiable?*), en inglés una oración interrogativa siempre comienza con un auxiliar (**do**, **have**, **is**, etc.) o un adverbio (**what**, **which**, etc.).

Focus Las «tags» (continuación)

Elige la «tag» correcta para completar las respuestas.

1. – Do they have an appointment with Dr O'Connell? – Yes _____.
   (A) they does (B) they do (C) do they do

2. – Is it already installed in your computer? – Yes _____.
   (A) he is (B) they are (C) it is

3. – Does Eva know where we live? – Yes _____.
   (A) does (B) she does (C) she do

Answers p. 64

4. – Are your gloves in the kitchen? – No _____.

(A) they aren't (B) are not (C) are not in

5. – Do I have time to go to the shops before they close? – No _____.

(A) you aren't (B) you doesn't (C) you don't

Focus Los demostrativos espaciales: ¿cerca o lejos?

Elige la palabra correcta.

1. Come _____, I want to show you something.

(A) here (B) their (C) there

2. – The lift is broken. Where are the stairs? – Over _____.

(A) here (B) there (C) their

3. Thanks for your business card. _____ my email address.

(A) Here (B) There (C) Here's

4. _____ house is over _____, about a mile away.

(A) There – there (B) Their – here (C) Their – there

5. There are small towns _____ and _____ in the state, but no big cities.

(A) there – here (B) here – there (C) there – there

Hint De la misma manera que **this** y **that** (ver Hint, Unit 2, página 14), **here** y **there** se pueden usar para ubicar un objeto o una persona en el espacio: cerca o lejos, respectivamente, del hablante. La expresión **here and there** significa *aquí y allá, por todas partes*.

Focus Las palabras compuestas con *-body* y *-thing* (*somebody*, *anybody*, *nothing*, etc.)

Elige la forma correcta.

1. There is _____ at the door. Please open it.

(A) anybody (B) somebody (C) nobody

2. I can't find my keys _____.

(A) anywhere (B) nowhere (C) somewhere

3. Do you have _____ to eat? We're starving!
   A anything   B anybody   C nothing

4. Kate is very young. She doesn't know _____ about the war.
   A something   B nothing   C anything

5. Is _____ interested in tennis? The Wimbledon final is today.
   A somebody   B anybody   C something

6. The museum is _____ near Central Park.
   A anywhere   B somewhere   C anybody

7. _____ is in the kitchen. It must be my mother.
   A Nobody   B Somebody   C Something

8. Marcia doesn't want _____ to eat. She's not hungry.
   A nothing   B something   C anything

9. The weather is great. Let's go _____ nice.
   A something   B anywhere   C somewhere

10. I have _____ in my eye. I can't see _____.
   A something – nothing
   B anything – something
   C something – anything

Answers p. 64

Hint A diferencia del español, el inglés no permite la doble negación. No se puede decir, por ejemplo, **I don't know nothing** (forma correcta: **I don't know anything**). Sin embargo, este tipo de giro es común en el registro coloquial, y se oye con frecuencia en canciones, diálogos de películas, etc. No obstante, no debes utilizarlo.

Focus Las oraciones negativas con adjetivo cuantitativo

Elige la opción correcta.

1. Buy some bread.
   A Don't buy some bread.
   B Doesn't buy some bread.
   C Don't buy any bread.

Answers p. 64

2. I want something.
   - A I don't want anything.
   - B I don't want nothing.
   - C I don't want something.
3. We can go somewhere for help.
   - A We can't to go somewhere for help.
   - B We can't go anywhere for help.
   - C We can't go any where for help.
4. They want somebody to help them.
   - A They want not somebody to help them.
   - B They don't want anybody to help them.
   - C They want not anybody to help them.
5. I can see it somewhere.
   - A I can't see it nowhere.
   - B I can't see it anywhere.
   - C I can't see it somewhere.

Hint En las palabras compuestas con **some-** y **any-**, el acento tónico recae sobre la primera sílaba.

Focus La forma posesiva: particularidades

Elige la opción correcta según la palabra que se indica.

1. tomorrow
   - A Tomorrow's meeting is at nine o'clock.
   - B The meeting of tomorrow is at nine o'clock.
   - C Tomorrow meeting's at nine o'clock.
2. mouth
   - A Don't open your mouth.
   - B Don't open you's mouth.
   - C Don't open the mouth.

3. company
   - **A** The website for the company is excellent.
   - **B** The company's website is excellent.
   - **C** The company's website's is excellent.

Answers p. 64

4. team
   - **A** I worry about the motivation in the team.
   - **B** I worry about the motivation's team.
   - **C** I worry about the team's motivation.

5. leg
   - **A** My leg's hurts. **B** My leg hurts. **C** The leg of mine hurts.

Hint El caso posesivo, originalmente usado casi exclusivamente con sustantivos comunes animados (seres vivos), se usa con mucha más frecuencia en el inglés moderno. De tal manera que se utiliza con nombres abstractos o inanimados.

Los siguientes ejercicios no son las clásicas preguntas de opción múltiple, pero te permitirán revisar los números cardinales y ordinales, así como los meses y fechas.

Focus Los números del 20 al infinito (o casi)

Relaciona estos números cardinales con su forma escrita. Comencemos con las decenas.

1.	10	■	■ thirty
2.	20	■	■ a hundred
3.	30	■	■ ten
4.	40	■	■ seventy
5.	50	■	■ sixty
6.	60	■	■ twenty
7.	70	■	■ ninety
8.	80	■	■ fifty
9.	90	■	■ forty
10.	100	■	■ eighty

Unit 6
BASICS

Hint En el lenguaje hablado es importante distinguir 13 **(thirteen)** y 30 **(thirty)**. En principio, el acento tónico recae en la segunda sílaba en **thirteen** y en la primera de **thirty**. Dicho esto, la confusión siempre es posible, ¡incluso para los hablantes nativos de inglés! En este caso, se puede preguntar a la persona con la que se está hablando: «**THIRty o thirTEEN?**».

Pasemos a los ordinales. Relaciónalos con su forma escrita.

1.	68th	■	■ eighty-third
2.	42nd	■	■ ninety-eighth
3.	21st	■	■ fifty-sixth
4.	100th	■	■ thirty-fourth
5.	98th	■	■ forty-second
6.	78th	■	■ ninety-third
7.	34th	■	■ one hundredth
8.	83rd	■	■ sixty-eighth
9.	93rd	■	■ seventy-eighth
10.	56th	■	■ twenty-first

Focus Los meses y las fechas

¿Cuál es la ortografía correcta de los meses?

1. enero
   - A janury
   - B january
   - C January

2. febrero
   - A Febury
   - B February
   - C Fevrury

3. marzo
   - A Mars
   - B mars
   - C March

4. abril
   - A Aprel
   - B April
   - C april

5. mayo
   - A May
   - B Mey
   - C Maiy

6. junio
   - A Jun
   - B june
   - C June

7. julio
   (A) Juley (B) July (C) Julie

Answers p. 64

8. agosto
   (A) Augost (B) Auguste (C) August

9. septiembre
   (A) september (B) Septembre (C) September

10. octubre
   (A) October (B) Oktober (C) oktober

11. novembre
   (A) Novembre (B) November (C) november

12. diciembre
   (A) Disember (B) December (C) Dicember

Escribe estas fechas en letras, como si las pronunciaras en voz alta.

1. 1/03 =
2. 4/11 =
3. 25/08 =
4. 18/07 =
5. 12/05 =

Hint Al escribir, los números ordinales se forman de la siguiente manera: **first → st**, **second → nd**, **third → rd**, todas las demás palabras terminan en **-th**. Además, aunque en la forma hablada relacionamos el día y el mes con **of (thirteenth of May**, por ejemplo), esta preposición no se escribe. Y, por último, hay una diferencia muy importante entre la forma inglesa (día-mes-año) y la forma americana (mes-día-año). Por lo tanto, el 3/04 será el 3 de abril para un británico, pero el 4 de marzo para un estadounidense. ¡Ten mucho cuidado!

Unit 6
VOCABULARY

Verbos

to build	*construir*
to feel	*sentir(se)*
to feel ill	*sentirse enfermo*
to go to sleep	*dormirse*
to hurt	*doler, hacer daño*
to lift	*levantar(se)*
to plan	*planificar, tener la intención de*
to rain	*llover*
to sleep	*dormir*

Adverbios, pronombres, etc.

already	*ya*
away	*lejos, a distancia*
before	*antes*
here	*aquí*
over **over there**	*sobre, encima de* *allí, allá*
somebody **anybody** **nobody**	*alguien* (afirmativo) *alguien* (negativo, interrogativo) *nadie* (**no** + **body**)
somewhere **anywhere** **nowhere**	*alguna parte* (afirmativo) *alguna parte* (negativo, interrogativo) *ninguna parte* (**no** + **where**)
something **anything** **nothing**	*algo* (afirmativo) *algo* (negativo, interrogativo) *nada* (**no** + **thing**)

Sustantivos

building	*edificio*

coat	*abrigo*
glove	*guante*
kitchen	*cocina* (habitación)
lift (GB) **elevator (US)**	*ascensor*
rain **raincoat**	*lluvia* *impermeable*
shopping **shopping centre**	*compras* *centro comercial*
weather	*tiempo* (meteorológico)

Adjetivos

broken	*roto, estropeado*
chilly	*fresco*
ill	*enfermo*
sore	*doloroso, dolorido*
stair	*escalera*
state	*estado*
team	*equipo*
wet	*húmedo*

Partes del cuerpo

arm	*brazo*	**hand**	*mano*
back	*espalda*	**head**	*cabeza*
body	*cuerpo*	**knee**	*rodilla*
chest	*pecho, torso*	**leg**	*pierna*
ear	*oreja*	**mouth**	*boca*
elbow	*codo*	**nose**	*nariz*
finger	*dedo de la mano*	**throat**	*garganta*

Unit 6
ANSWERS

Basics

YOUR SCORE:

PAGES 54-55 – La forma interrogativa de los verbos en presente simple (continuación)

1 C 2 A 3 C 4 C 5 B

1 C 2 B 3 B 4 C 5 C

PAGES 55-56 – Las «tags» (continuación)

1 B 2 C 3 B 4 A 5 C

PAGE 56 – Los demostrativos espaciales: ¿cerca o lejos?

1 A 2 B 3 C 4 C 5 B

PAGE 56-57 – Las palabras compuestas con **-body** y **-thing** (**somebody**, **anybody**, **nothing**, etc.)

1 B 2 A 3 A 4 C* 5 B 6 B 7 B 8 C 9 C 10 C

* En el inglés hablado, a veces se oye la doble negación. Véase el recuadro Hint.

PAGES 57-58 – Las oraciones negativas con adjetivo cuantitativo

1 C 2 A 3 B 4 B 5 B

PAGES 58-59 – La forma posesiva: particularidades

1 A 2 A 3 B* 4 C* 5 B

* El caso posesivo se puede usar con nombres propios neutros que indican elementos animados (empresa, equipo, etc.). En la oración 3, la respuesta c) sería correcta si no llevara **is**, que ya está presente en la segunda contracción **(website's)**.

PAGES 59-60 – Los números del 20 al infinito (o casi)

Los cardinales: 1. 10 / ten; 2. 20 / twenty; 3. 30 / thirty; 4. 40 / forty; 5. 50 / fifty; 6. 60 / sixty; 7. 70 / seventy; 8. 80 / eighty; 9. 90 / ninety; 10. 100 / a hundred

Los ordinales: 1. 68th / sixty-eighth; 2. 42nd / forty-second; 3. 21st / twenty-first; 4. 100th / one hundredth; 5. 98th / ninety-eighth; 6. 78th / seventy-eighth; 7. 34th / thirty-forth; 8. 83rd / eighty-third; 9. 93rd / ninety-third; 10. 56th / fifty-sixth

PAGE 60-61 – Los meses y las fechas

1 C 2 B* 3 C 4 B 5 A 6 C 7 B 8 C 9 C 10 A 11 B 12 B

* Recuerda que los nombres de los meses y los días se escriben siempre con mayúscula inicial.

1.* the first of March 2.* the fourth of November 3. the twenty-fifth of August 4. the eighteenth of July 5.* the twelfth of May

Como ya hemos señalado en el Hint, en inglés americano el primer número es el mes, no el día. Por lo tanto, en inglés de EE. UU. también podría ser: 1. the third of January; 2. the eleventh of April; 5. the fifth of December.

0 - 13 ¡Repasa!; **14 - 30** ¡Bien!; **31 - 44** ¡Estupendo!; **45 y más** You're really very good!

Focus Las expresiones de cantidad

Answers p. 75

Completa las siguientes oraciones.

1. Jenny's not vegetarian but she doesn't eat _____ meat.
   A much   B many   C some
2. Are there _____ cheap places to eat near your hotel?
   A much   B approximately   C many
3. I don't have very _____ time this morning.
   A much   B many   C a little
4. There are _____ ways to make money online.
   A a lot   B many   C much
5. There is so _____ music and so _____ bad singers.
   A many – much   B much – many   C many – many

Hint En un registro informal, **much** y **many** a menudo se reemplazan por **a lot of** o **lots of** antes de un sustantivo plural contable **(lots / a lot of places)** o un sustantivo singular incontable **(lots of / a lot of time)**.

Ahora, completa las siguientes oraciones. (Puede haber más de una respuesta válida).

1. – Do you like swimming? – Yes, very _____.
   A many   B much   C a lot
2. – I want some sandwiches. – Okay, how _____?
   A many   B much   C a lot
3. – Would you like some decaf? – Yes please, but not too _____.
   A much   B many   C a lot
4. – How many customers do you get in your café? – Not _____, unfortunately.
   A much   B many   C a lot   D a lot of

Answers p. 75

5. – It's important to exercise. – Sure, but how _____?

(A) much (B) many (C) a lot

6. – Do you like your new job? – Yes, _____.

(A) very much (B) very many (C) very a lot (D) a lot of

Hint **Much** y **many** pueden ir precedidos por un adverbio. Este no es el caso de **a lot / lots of.**

Focus Los verbos defectivos

Completa estas oraciones con el verbo en afirmativo.

1. Remember Barak Obama's slogan: "Yes we _____!"

(A) can (B) do can (C) are can

2. You _____ Richard and Lynn. Hi, I'm your host.

(A) must are (B) must be (C) can

3. You _____ one carry-on bag in Economy class, according to the airline.

(A) can to bring (B) can bring (C) must

4. She _____ the guitar beautifully.

(A) can to play (B) can play (C) must to play

5. You really _____ to the new album by Be Xe.

(A) can listen (B) must listening (C) must listen

6. Mike _____ you to find a lawyer if necessary.

(A) can to help (B) can help (C) can be help

Hint **Can** y **must** son verbos defectivos, es decir que su conjugación es incompleta y se usan solo en algunos tiempos y personas. En cuanto a los infinitivos, son, respectivamente, **to be able to** y **to have to**.

Ahora, pon los elementos en negrita en la forma negativa o interrogativa según el caso. (Puede haber más de una respuesta válida).

1. **We can change trains** in Chicago to go to Detroit.
   - A We can to change trains in Chicago to go to Detroit?
   - B Are can we change trains in Chicago to go to Detroit?
   - C Can we change trains in Chicago to go to Detroit?

2. **Ray must leave the house** before breakfast.
   - A Ray must not leave the house.
   - B Ray must leave not the house.
   - C Ray must to leave not the house.

3. **You can order the new video game** for your console.
   - A You can not order the new video game.
   - B You cannot order the new video game.
   - C You can't order the new video game.

4. The restaurant doesn't take cards, so **they must pay in cash**.
   - A Do they must pay in cash?
   - B Must they to pay in cash?
   - C Must they pay in cash?

5. I have some money. **I can buy you** a drink.
   - A Can I buying you a drink?
   - B Can I buy you a drink?
   - C Can I to buy you a drink?

Reformula lo que está en negrita en la forma contraída del negativo.

1. **You cannot sit** at the counter. There are too many people.
   - A You can'nt sit at the counter.
   - B You can't sit at the counter.
   - C You cant' sit at the counter.

Answers p. 75

2. **I must not forget** my new password!
   - A I m'st not forget my new password!
   - B I mustn'ot forget my new password!
   - C I mustn't forget my new password!

3. **It cannot be true!** I'm sure there's a mistake.
   - A Can'nt it be true!
   - B It can't be true!
   - C It can't not be true!

4. **This must not become** a habit.
   - A Mustn't this become a habit.
   - B This mustn't become a habit.
   - C This must'nt become a habit.

5. **I can can** the green beans.*
   - A I can't can't the green beans.
   - B I can't can the green beans.
   - C I can can't the green beans.

* ¡Pregunta trampa!

Completa las siguientes preguntas:

1. Where _____ find salt and pepper?
   - A I can
   - B can I
   - C do can I

2. Who _____ contact about the exams?
   - A must we
   - B we must
   - C we can must

3. What _____ buy you for Christmas?
   - A can Jake and I
   - B I and Jake can
   - C Jake can and I can

4. Where _____ print the document?
   - A must me
   - B must I
   - C I must

5. How _____ help you, sir?
   - A I can
   - B can I
   - C can me

Hint El orden de las palabras es muy importante en este tipo de preguntas y puede presentar cierta dificultad para los hispanohablantes. Recuerda: pronombre interrogativo + verbo defectivo + pronombre personal.

Focus Contenido y continente

Elige la traducción correcta.

1. *una taza de té* (contenido)
   A a tea cup B a cup of tea C a cup tea
2. *una copa de vino* (continente)
   A a glass of wine B a glass for wine C a wine glass
3. *una caja de cerillas* (continente)
   A a match box B a box of matches C a box for matches
4. *una botella de agua* (contenido)
   A a bottle with water B a bottle of water C a water bottle
5. *una cucharilla de café* (continente)
   A a tea spoon B a spoon of tea C a tea's spoon

Focus *To get*

¿Con qué palabra más precisa podrías sustituir ***get*** *en estas oraciones?*

1. What can I get you for dinner?
   A prepare B enjoy C help
2. I want to get cash from the ATM.
   A buy B take C receive
3. Karen can get a job in Bristol.
   A refuse B follow C find
4. Scotland gets a lot of rain in the spring.
   A likes B receives C avoids
5. We'll get the coach to the airport.
   A follow B order C take

Unit 7
BASICS

Hint El uso de **to get** no es obligatorio (además, muchos puristas lo evitan, con el pretexto de que carece de la precisión proporcionada por verbos como **bring**, **buy**, etc.). Sin embargo, estos puristas tienen la batalla perdida de antemano porque este verbo «comodín» aparece en todas partes. Por lo tanto, es necesario un buen diccionario para encontrar los usos más comunes.

Focus Verbos usados en las expresiones idiomáticas más comunes

Elige la traducción correcta.

1. *Siéntese.*
   - A Have a seat.
   - B Have a sit down.
   - C Sit you down.

2. *Comamos.*
   - A Having lunch.
   - B Let's have lunch.
   - C We want lunch.

3. *¿Puedo darme una ducha?*
   - A Can I have a shower?
   - B Can I do a shower?
   - C Can I to take a shower?

4. *Quiero beber algo.*
   - A I want to be drinking.
   - B I want to drink a drink.
   - C I want to have a drink.

5. *Nos divertimos en Londres.*
   - A We have amuse in London.
   - B We amuse London.
   - C We have a good time in London.

Hint Muchas expresiones formadas en español con el verbo *tomar* (por ejemplo, *tomar el desayuno*) se traducen como **to have (to have breakfast)**.

Focus La forma interrogativa (continuación)

Selecciona la pregunta adecuada según las respuestas dadas.

1. I want a tasty English breakfast.
   - A What are you want to eat?
   - B What can you eat?
   - C What can I get you?

2. Two regular coffees and a decaf, please.
   - A What do you want to drink?
   - B What can you want to drink?
   - C What are you want to drink?

Answers p. 75

3. I like my steak well-cooked.
   - A How like you your steak?
   - B How you like your steak?
   - C How do you like your steak?

4. I'm afraid you can't.
   - A Can't we to pay by credit card?
   - B Do we pay by credit card?
   - C Can we pay by credit card?

5. No we're not.
   - A Is you ready to order?
   - B Are you want to order?
   - C Are you ready to order?

Focus Los verbos y las preposiciones (continuación)

Completa con la preposición correcta si es necesario.

1. Please answer _____ the phone.
   A on   B at   C Ø

2. You can pay _____ the waiter.
   A to   B for   C Ø

Unit 7
BASICS

Answers p. 75

3. I must meet _____ my colleague at the station.
   - **A** by
   - **B** at
   - **C** Ø

4. Where do we wait _____ the bus?
   - **A** in
   - **B** for
   - **C** Ø

5. Listen _____ your voicemail. It's important.
   - **A** to
   - **B** at
   - **C** Ø

6. Help me to look _____ my shoes.
   - **A** for
   - **B** to
   - **C** Ø

7. It's cold. Put _____ a jacket.
   - **A** on
   - **B** up
   - **C** Ø

8. Write _____ your brother. He's worried.
   - **A** to
   - **B** at
   - **C** Ø

9. Let's play _____ checkers.
   - **A** at
   - **B** in
   - **C** Ø

10. We love to travel _____ boat.
   - **A** in
   - **B** by
   - **C** Ø

Hint Las preposiciones que acompañan a los verbos son muy importantes ya que pueden cambiar su significado. Por ejemplo **to look at** significa *mirar (hacia) algo*, mientras que **to look for** significa *buscar*. Acostúmbrate a aprender sistemáticamente cada verbo con sus preposiciones habituales.

Verbos — VOCABULARY

to avoid	*evitar*
to become	*convertirse, llegar a ser*
to carry	*llevar, transportar*
to eat	*comer*
to find	*encontrar*

to follow	*seguir*
to forget	*olvidar*
to listen (to)	*escuchar*
to look for	*buscar*
to make	*hacer, fabricar*
to order	*hacer un pedido*
to have lunch	*comer, almorzar*
to remember	*recordar*
to sit	*sentarse*
to swim	*nadar*
to travel	*viajar*

can	*poder* (verbo defectivo)
would	auxiliar del condicional

Adverbios, pronombres, etc.

a little	*un poco*
a lot of	*mucho* (coloquial)
according to	*según*
many	*mucho* usado con sustantivos contables
too many	*demasiados*

Sustantivos

ATM / automated teller machine	*cajero automático*
bean	*judía, haba*
boat	*barco*

Unit 7
VOCABULARY

café / **cafe**	*cafetería*
carry-on bag	*equipaje de mano*
cash	*efectivo* (dinero)
checkers (US) **draughts** (GB)	*damas* (juego de mesa)
coach	*autocar, vagón de pasajeros*
drink	*bebida*
host	anfitrión
lawyer	*abogado* (**law**, *ley*)
match	*cerilla*
matchbox	*caja de cerillas*
mistake	*error*
pepper	*pimienta*
salt	*sal*
shower	*ducha*
station	*estación*
voicemail	*mensaje de voz*
waiter	*camarero*

Adjetivos

cheap	*barato*
little	*pequeño*
necessary	*necesario*
tasty	*sabroso*
true	*cierto, verídico*
well-cooked	*bien hecho* (comida)
worried	*preocupado*

Unit 7
ANSWERS

YOUR SCORE:

Basics

PAGES 65-66 – Las expresiones de cantidad

1 A | 2 C | 3 A | 4 B | 5 B*

* Hay que añadir un verbo en plural (**...and there are**) en la segunda parte de la oración. En la práctica, sin embargo, se puede usar el singular por simplicidad.

1 B* | 2 A | 3 A | 4 B y C | 5 A | 6 A

* Al contrario que **many**, **much** se puede utilizar como adverbio.

PAGES 66-68 – Los verbos defectivos

1 A | 2 B | 3 B | 4 B | 5 C | 6 B

1 C | 2 A | 3 B y C | 4 C | 5 B

1 B | 2 C | 3 B | 4 B | 5 B*

* **Can**, *poder*, no tiene infinitivo, pero **to can** significa *enlatar, poner en conserva*. Así pues, la oración b) significa *No puedo enlatar los guisantes*... ¡Esta pequeña broma se puede usar como recordatorio para verbos defectivos!

1 B | 2 A | 3 A | 4 B | 5 B

PAGE 69 – Contenido y continente

1 B* | 2 C | 3 B | 4 B | 5 A**

* **a tea cup**, *una taza de té* (continente)

** Diferencia cultural importante: de café para los hispanohablantes y de té para los anglosajones.

PAGE 69 – To get

1 A | 2 B | 3 C | 4 B | 5 C

PAGE 70 – Verbos usados en las expresiones idiomáticas más comunes

1 A | 2 B | 3 A* | 4 C | 5 C

* También podemos decir **to take a shower** (pero no **can I to take**).

PAGE 71 – La forma interrogativa (continuación)

1 C | 2 A | 3 C | 4 C | 5 C

PAGES 71-72 – Los verbos y las preposiciones (continuación)

1 C | 2 C | 3 C | 4 B | 5 A | 6 A | 7 A | 8 A | 9 C | 10 B

¿Has obtenido entre 0 y 15? Revisa todas las preguntas para repasar los errores que has cometido.

¿Has obtenido entre 16 y 31? No está mal, pero todavía lo puedes hacer mejor.

¿Has obtenido entre 32 y 49? ¡Genial! Analiza los errores y, si es necesario, revisa los conceptos que más dificultades te presentan.

¿Has obtenido 50 o más? You're really very good!

Unit 8
BASICS

Focus Sustantivos contables e incontables

Completa las frases si es necesario.

Answers p. 85

1. This is _____ spring weather.
   A a B one C Ø
2. Sergei is Russian but he speaks _____ good English.
   A one B a C Ø
3. I want _____ advice: is this pullover too big for me?
   A an B a C some
4. My son's hair _____ too long.
   A is B are C Ø
5. Do you want _____ milk and _____ sugar in your tea?
   A a – a B a – Ø C Ø – Ø
6. The damage caused by the storm _____ terrible.
   A is B are C an
7. We have _____ work to do before the end of the day.
   A a B the C Ø
8. The police has _____ information about the crime.
   A an B a C Ø
9. I have _____ news about our holiday.
   A a B some C Ø
10. I only want _____ toast for breakfast.
    A a B the C Ø

Hint Debemos distinguir los sustantivos contables, que pueden contarse (por ejemplo, **one book → two books**), y que, por lo tanto, pueden llevar un verbo conjugado con las personas en singular o plural según el caso, y los que son incontables (**information**), que van siempre en singular y no llevan nunca delante un artículo definido (no se puede decir **an information**).

Answers p. 85

Elige la opción correcta para poner en singular los sustantivos incontables (en negrita):

1. Let me give you _____ **advice**.
   A a lot of B a slice of C a piece of
2. Select _____ **news** and put it in your inbox.
   A an item of B a story of C an element of
3. There's a parking space. What _____ of **luck**!
   A a blow B a stroke C a strike
4. I need _____ **information** about your business.
   A a bit of B a bite of C a load of
5. Ask the receptionist for a towel and _____ **soap**.
   A a part of B a bar of C a drop of

Hint En general, los sustantivos incontables se usan sin un cuantificador y con **some** (o **any** en una pregunta). En este caso, traducen tanto el singular como el plural al español *(una información, las informaciones)*.

Elige la opción correcta. (Puede haber más de una respuesta válida).

1. – Excuse me, _____ the toilet? – Upstairs on the left.
   A where is B where are C where's
2. I really need to take _____ holiday.
   A a B an C the
3. Good evening: _____ the weather forecast.
   A here is B here are C this is
4. The suspect's hair _____ and her eyes are brown.
   A are dark B is dark C dark
5. Her _____ usually reliable.
   A advice is B advice are C advices are

Hint Algunos sustantivos son singulares en español y plurales en inglés o viceversa. Es importante aprenderlos, pero la lista no es larga (**news**, **advice**, **hair** etc.).

Unit 8
BASICS

Focus Evitar la repetición

Sustituye, si es posible, el sustantivo en negrita por la(s) palabra(s) que convenga.

1. – Is this your watch, Bob? – No, that **watch** is mine.
   - A ones
   - C won
   - B one
   - D *no hay sustitución posible*

2. I like these **books** here, and those **books** over there.
   - A one
   - C ones
   - B one's
   - D *no hay sustitución posible*

3. – Do you want a cup of tea? – No thanks, I have **a cup of tea**.
   - A one
   - C one's
   - B a one
   - D *no hay sustitución posible*

4. What kind of rice do you prefer? Brown **rice** or white **rice**?
   - A one's
   - C ones
   - B one
   - D *no hay sustitución posible*

5. They have two cars: this **car is** Mark's and that **car is** Lilian's.
   - A ones
   - C one
   - B one's
   - D *no hay sustitución posible*

6. They have two kinds of **coffee** in my supermarket: expensive **coffee** and cheap **coffee**.
   - A ones
   - C one's
   - B one
   - D *no hay sustitución posible*

Hint Si bien la sustitución no es obligatoria, es bastante habitual; en cualquier caso, la repetición es más común en inglés que en español.

Elige la opción correcta.

1. Get me some bread from _____ please.
   - A the baking shop
   - B the baker's
   - C baker's

2. – Where do you buy your groceries? – At _____.
   - A the supermarket's
   - B the supermarket
   - C the supermarketry

3. There's a new _____ on Broad Street, but it's very expensive.
   (A) fishmongers (B) fisher (C) fishmonger's

4. – Where's your son? – I think he's at _____.
   (A) Steve's (B) the Steve's house (C) the house of Steve

5. I must get to _____ before it close.
   (A) butcher's (B) the butcher's (C) the meatery

Hint El genitivo sajón **('s)** permite omitir la palabra **shop (butcher's shop → butcher's**, *carnicería*), pero también se puede usar el nombre corto: **the butcher**, etc.

Focus Los pronombres interrogativos

Answers p. 85

Elige la opción correcta.

1. Hugh is interested in your project. _____ Jack?
   (A) Which about (B) What about (C) Who about

2. _____ wool to make a sweater?
   (A) Where can I buy (B) Where I can buy (C) Where I do can buy

3. _____ for help?
   (A) Who must we ask (B) Who we must ask (C) Who we must to ask

4. _____ take this medicine?
   (A) How often can you (B) How often you can (C) How can you often

5. _____ this document?
   (A) Where must we print (B) Which must we print (C) Where we must print

Hint Si el pronombre interrogativo va seguido de un adverbio (**often**, etc.), este último precede al verbo (**How often**, etc.).

*Ahora formula preguntas con **What...?** para cada oración.*

1. I take a size ten.
   (A) What size you take?
   (B) What you take in size?
   (C) What size do you take?

Answers p. 85

2. They want blue suede shoes.
   - A What is the colour that they want?
   - B What colour do they want?
   - C What do they colour want?

3. They use a laser-jet printer.
   - A What printer do they use?
   - B What do they printer use?
   - C What are their printer use?

4. I can eat any food.
   - A What is the food you eat?
   - B What food can you eat?
   - C What can you food eat?

Focus La forma interrogativa con las palabras con *wh-* (+ how)

Haz las preguntas en presente simple.

1. Where _____ to meet this evening?
   A do you want — B want do you — C you do want

2. How _____ say *un reçu* in English?
   A do you say — B you say — C does you say

3. What colour _____ is the best?
   A does you think — B do you think — C are you thinking

4. Which of these two novels _____?
   A does you prefer — B do you prefer — C prefer you

5. When _____ for the country? – I'm not sure.
   A leave they — B does they leave — C do they leave

Focus Las preposiciones compuestas

Elige la opción correcta.

1. The fitting rooms are _____ the escalator.
   - A next in
   - B next to
   - C next of

2. Can you see that scooter _____? It's mine.
   - A over there
   - B behind this
   - C over that

3. The plane is late ______ the storm.
   - A because of
   - B result of
   - C due of

4. _____ fire, call the emergency services.
   - A In case of
   - B In case
   - C In the case

5. The printer is ______ my computer.
   - A close to
   - B close of
   - C near of

Focus Los adverbios irregulares

¿Cuál es el adverbio correcto para cada uno de estos adjetivos?

1. gentle
   - A gently
   - B gentily
   - C gentlily

2. angry
   - A angrily
   - B angryly
   - C angerily

3. terrible
   - A terribily
   - B terribely
   - C terribly

4. happy
   - A happly
   - B happily
   - C happyly

5. horrible
   - A horribely
   - B horriblely
   - C horribly

Unit 8
BASICS

Hint Los adjetivos que terminan en **-y** forman su adverbio transformando esta letra en **i** antes de agregar el sufijo adverbial **-ly**. Para los que terminan en **-le**, esta vocal se reemplaza por una **y**. También hay algunos adverbios irregulares.

Focus La posición de los adverbios

Answers p. 85

Coloca correctamente los adverbios en las siguientes oraciones:

1. usually: to drink
   - A I drink usually water with my meal, but today I want a soda.
   - B I usually drink water with my meal, but today I want a soda.
   - C I drink water usually with my meal, but today I want a soda.

2. often: to rent
   - A My often friends rent a motor bike on holiday.
   - B My friends often rent a motor bike on holiday.
   - C My friends rent a motor bike on holiday often.

3. never: to do the washing-up
   - A When he cooks, he never does the washing-up.
   - B When he cooks never, he does the washing-up.
   - C When he cooks, he does never the washing-up.

4. sometimes: to buy
   - A We buy sometimes frozen food if the market is closed
   - B We sometimes buy frozen food if the market is closed.
   - C We buy frozen food if sometimes the market is closed.

5. always: to be late
   - A Her partner always is late, and it annoys her.
   - B Her partner is late always, and it annoys her.
   - C Her partner is always late, and it annoys her.

Hint Si un verbo está formado por una sola palabra, el adverbio se coloca generalmente junto a él, la mayoría de las veces delante.

Verbos

to annoy	*molestar*
to bite	*morder*
to freeze	*congelar*
to get to	*llegar a*
to rent	*alquilar*
to select	*seleccionar*
to watch	*ver, observar*

Adverbios, pronombres, etc.

because of	*a causa de, por*
close to	*cerca de*
downstairs	*abajo* (de la escalera)
kind of	*tipo de*
next to	*al lado de*
upstairs	*arriba* (de la escalera)
hardly	*apenas, difícilmente*
lately	*últimamente*

Sustantivos

bike **motor bike**	*bici* (apócope de **bicycle**, *bicicleta*) *moto*
bit, a bit of	*trozo, un poco de*
bite	*bocado*
blow	*golpe*
damage	*daño* (incontable)
drop	*gota*
emergency **emergency service**	*emergencia* *servicio de urgencias*
end	*fin* (piensa en **weekend**, *fin de semana*)
hair	*pelo, cabello* (incontable); **a hair**, *un pelo*

Unit 8
VOCABULARY

item	*artículo*
news	*noticias* (incontable)
piece	*trozo*
project	*proyecto*
rice	*arroz*
size	*talla* (dimensión)
slice	*loncha*
soap	*jabón*
space	*espacio, sitio*
storm	*tormenta*
strike	*huelga*
suede	*ante*
sweater	*suéter* (de **sweat**, *sudor*)
towel	*toalla*
watch	*reloj de pulsera*
water	*agua*
wool	*lana*

Tiendas

butcher's	*carnicero / carnicería*
grocer's / grocery	*tendero / tienda de comestibles*
greengrocer's / greengrocery	*verdulero/frutero / verdulería/frutería*
fishmonger's	*pescadero / pescadería*
bookshop	*librería*

Usamos el genitivo sajón para distinguir entre un comerciante y su negocio: por ejemplo, **a butcher**, *un carnicero* → **the butcher's**, *la carnicería*. Es una elipsis de **shop** (**butcher's shop**).

Adjetivos

frozen	*congelado*
hardy	*robusto, fuerte*
reliable	*fiable, responsable*

Unit 8
ANSWERS

YOUR SCORE:

Basics

PAGES 76-77 – Sustantivos contables e incontables

1 C | 2 C | 3 C | 4 A | 5 C* | 6 A | 7 C | 8 C | 9 B | 10 C

* También se puede decir **some milk** y **some sugar**. Hay una ligera diferencia entre las dos formas, pero no es importante.

1 C | 2 A | 3 B | 4 A | 5 B

1 A y C | 2 A | 3 A y C | 4 B | 5 A

PAGES 78-79 – Evitar la repetición

1 B | 2 C | 3 A | 4 D* | 5 B | 6 D

* La sustitución del sustantivo por **one(s)** no es posible aquí porque **rice**, *arroz*, es incontable (¡aunque se pueden contar los granos!). Por otro lado, podemos prescindir completamente de los pronombres y usar solo los adjetivos: **brown or white?** o incluso **expensive or cheap?**

1 B | 2 B | 3 C | 4 A | 5 B

PAGES 79-80 – Los pronombres interrogativos (continuación)

1 B | 2 A | 3 A* | 4 A | 5 A

* En un registro muy formal, se usa el pronombre relativo complemento **whom**, pero en el lenguaje coloquial **who** se usa para el sujeto y el complemento.

1 C | 2 B | 3 A | 4 B

PAGE 80 – La forma interrogativa con las palabras con **wh-** (+ **how**)

1 A | 2 A | 3 B | 4 B | 5 C

PAGE 81 – Las preposiciones compuestas

1 B | 2 A | 3 A | 4 A | 5 A

PAGE 81 –Los adverbios irregulares

1 A | 2 A | 3 C | 4 B | 5 C

PAGE 82 – La posición de los adverbios

1 B | 2 B | 3 A | 4 B | 5 C

¿Has obtenido entre 0 y 15? Revisa todas las preguntas para repasar los errores que has cometido.
¿Has obtenido entre 16 y 31? No está mal, pero todavía lo puedes hacer mejor.
¿Has obtenido entre 32 y 49? ¡Genial! Analiza los errores y, si es necesario, revisa los conceptos que más dificultades te presentan.
¿Has obtenido 50 o más? You're really very good!

Unit 9
BASICS

Focus Expresar una cantidad: la forma interrogativa

Answers p. 95

Elige la opción correcta.

1. _____ is a round trip ticket to Denver?
   (A) How much (B) How many (C) What

2. I don't know _____ people are interested in my idea.
   (A) how many (B) lots of (C) how much

3. Tell me _____ it costs to take a taxi to the airport.
   (A) how many (B) how much (C) how expensive

4. She doesn't know _____ I love her!
   (A) how many (B) how far (C) how much

5. – _____ are the season tickets? – They're very expensive.
   (A) How much (B) What cost (C) What prices

Hint Para traducir la simple pregunta *¿Cuánto?*, primero debemos saber si el sujeto de esta pregunta es singular / incontable **(How much time?)** o plural / contable **(How many minutes?)**.

Ahora elige la o las pregunta(s) correspondientes a la respuesta dada.

1. I've got work to do.
   (A) Have you got much work to do?
   (B) Have you got many works to do?
   (C) Have you lot of work to do?

2. We have a dozen eggs in the fridge.
   (A) Have we got much egg in the fridge?
   (B) Have we got many eggs in the fridge?
   (C) Have we got lots eggs in the fridge?

3. There's a difference between a hotel and a hostel.
   (A) Is there many differences between a hotel and a hostel?
   (B) Is there much difference between a hotel and a hostel?
   (C) Is there a lot of difference a hotel and a hostel?

4. Adam always wins. He's very lucky!
   - **A** Has he got many luck?
   - **B** Is he got much luck?
   - **C** Has he got a lot of luck?

Answers p. 95

5. We have hundreds of questions for them.
   - **A** Do you have many questions for them?
   - **B** Do you have a lots of questions for them?
   - **C** Do you got a lot of questions for them?

Hint **A lot of** y **lots of** son sinónimos y se pueden usar antes de sustantivos contables e incontables. Por otro lado, **a lot**, se usa como adverbio *(mucho, a menudo)* se coloca al final del enunciado, pero nunca antes de un sustantivo: **I love her a lot**.

Focus Cantidades pequeñas

Elige la opción correcta.

1. I have _____ time before my plane leaves.
   A a little **B** few **C** a few
2. There are _____ teachers and lots of vacancies.
   A little **B** few **C** a little
3. We have _____ suggestions to make.
   A little **B** a few **C** a little
4. The situation is serious but there is _____ hope of change.
   A few **B** not any **C** little
5. There are _____ surprises but not many.
   A a few **B** a little **C** little
6. – Do you want cream in your coffee? – Just _____.
   A a little **B** little **C** few
7. Give me _____ piece of cake please...
   A a little **B** a few **C** little

Answers p. 95

8. ... and _____ strawberries with lots of cream.
   - A little
   - B a few
   - C few

9. They have _____ money to spend, and prices are very high.
   - A little
   - B few
   - C lots

10. I have _____ friends in London. They all live in the suburbs.
   - A a few
   - B few
   - C lots of

Hint No confundas **a few** *(algunos, unos pocos)* y **few** *(poco(s))*. En inglés hablado, este último adjetivo a menudo se reemplaza por una expresión alternativa, por ejemplo, **not many**, especialmente en una oración negativa o interrogativa.

Ahora, elige la opción negativa correcta menos formal para sustituir el elemento en negrita.

1. We have **few** friends in London.
   - A don't have many
   - B little
   - C don't have a few

2. They have **little** to spend on clothes.
   - A don't much
   - B don't have much
   - C don't have a few

3. **Few** guitarists can play the blues well.
   - A Not many
   - B Don't have to
   - C Not lot

4. There is **little** choice on the menu but the food is superb.
   - A not many
   - B don't have much
   - C isn't much

Focus Los verbos de movimiento y los medios de locomoción

Sustituye el verbo + el complemento en negrita por un solo verbo.

1. You can **go** to America **by plane**.
   - A fly
   - B jump
   - C run

2. You can also **go by ship**.
   - A sell
   - B sail
   - C stretch

3. In the country, some people **go** to school **by horse**.
   - A flow
   - B run
   - C ride

4. I like to **go** to the office **on foot**.
   (A) walk (B) tread (C) promenade

5. His goal is to **cross** the English Channel **in the water**.
   (A) swim across (B) cycle across (C) dive across

6. She never **goes** to the supermarket **by car**.
   (A) drives (B) hurries (C) jogs

Hint Algunos verbos permiten asociar el movimiento con el medio de locomoción: por ejemplo, **to go by bicycle**, *ir en bicicleta*, se puede decir **to cycle**.

Focus Las preposiciones de tiempo (nociones básicas)

Answers p. 95

Elige la preposición correcta.

1. Andy wants to visit us _____ Easter Sunday.
   (A) on (B) at (C) in

2. There's lots to do _____ the evening.
   (A) at (B) in (C) on

3. The airport closes _____ night.
   (A) in (B) on (C) at

4. I work every day but I'm free _____ weekends.
   (A) during (B) at (C) on

5. Their party is _____ Friday evening.
   (A) at (B) on (C) in

Focus Traducir el verbo «hacer»

Elige la opción correcta.

1. Please _____ the bed before you leave in the morning.
   (A) do (B) make (C) have

2. I don't want to _____ the washing-up.
   (A) do (B) wash (C) clean

Answers p. 95

3. Can you _____ me a favour and lend me your comb.

(A) give (B) make (C) do

4. That new sports car _____ two hundred miles an hour.

(A) drives (B) does (C) runs

5. Our company hopes that it can _____ business with the Americans.

(A) do (B) make (C) have

6. It's freezing. Let's _____ some tea.

(A) bake (B) make (C) cook

7. Please _____ an effort: you're too lazy.

(A) to (B) make (C) give

8. Can I _____ a suggestion?

(A) make (B) pass (C) do

9. You need to _____ more progress if you want to speak fluently.

(A) be (B) give (C) make

10. Don't _____ a noise. The kids are asleep.

(A) do (B) make (C) say

Hint Generalmente, **to do** se refiere a una actividad o acción, mientras que **to make** se usa cuando se fabrica algo. La línea que diferencia los dos conceptos a veces es borrosa, por eso es necesario aprender estas expresiones por separado.

Focus La hora

Elige la hora que corresponde al enunciado en inglés. (En algunos casos puede haber varias respuestas válidas).

1. twenty past three

(A) 20:03 h (B) 15:20 h (C) 14:40 h

2. five past two

(A) 2:05 (B) 5:02 h (C) 14:05 h

3. a quarter to nine
   - A 8:45 h
   - B 9:15 h
   - C 9:45 h

4. half past ten
   - A 10:15 h
   - B 10:30 h
   - C 22:30 h

5. five to eight
   - A 7:55 h
   - B 7:05 h
   - C 8:05 h

6. twenty-five past seven
   - A 5:27 h
   - B 7:25 h
   - C 20:07 h

7. a quarter past six
   - A 6:45 h
   - B 6:15 h
   - C 6:30 h

8. twenty-five to six
   - A 5:35 h
   - B 17:35 h
   - C 6:25 h

9. twenty to seven
   - A 18:40 h
   - B 20:40 h
   - C 6:40 h

10. ten to nine
   - A 10:09 h
   - B 10:29 h
   - C 8:50 h

Hint Dado que el reloj de 24 horas no se usa en el lenguaje hablado en inglés, un horario como **ten past nine** ede significar tanto a las 9:10 como a las 21:10. Si el contexto no permite distinguir claramente a qué hora se refiere, agregamos **in the morning** *(de la mañana)* o **in the evening** *(de la noche)*. Por escrito, especificamos la hora con la ayuda de las dos abreviaturas latinas: **9.10 am** (ante meridiem, *antes del mediodía*) o **9.10 pm** (post meridiem, *después del mediodía*).

Focus Falsos amigos

Elige la traducción correcta.

1. carpet
   - A *alfombra*
   - B *carpeta*
   - C *carpa*

2. library
   - A *librería*
   - B *biblioteca*
   - C *librero*

3. actually
   - (A) *recientemente*
   - (B) *realmente*
   - (C) *actualmente*

4. realize
   - (A) *realizar*
   - (B) *darse cuenta*
   - (C) *convertir*

5. lecture
   - (A) *conferencia*
   - (B) *lección*
   - (C) *lectura*

Hint Los falsos amigos son difíciles de detectar porque el inglés también tiene palabras de origen latino. Por lo tanto, debemos estar atentos y tener en cuenta estas palabras que tienen una ortografía similar pero no el mismo significado.

Elige la opción correcta.

1. This 3-hour meeting is very _____ for us.
   - (A) important
   - (B) large
   - (C) certain

2. He was two hours late but he _____ arrived.
   - (A) at final
   - (B) eventually
   - (C) soon

3. My girlfriend and I are officially _____.
   - (A) occupied
   - (B) compromised
   - (C) engaged

4. Sami is a _____ at the University of Bristol.
   - (A) teacher
   - (B) professor
   - (C) master

5. This actor had a lot of _____ with this film.
   - (A) exit
   - (B) success
   - (C) critical

Verbos

to clean	*limpiar*
to cross	*atravesar*
to flow	*fluir*
to fly	*volar* (en avión)
to hurry	*darse prisa*
to jog	*hacer footing*

to lend	*prestar*
to realize !	*darse cuenta*
to ride	*montar a caballo, en bicicleta, en moto*
to sail	*navegar*
to spend	*gastar*
to swim	*nadar*
to teach	*enseñar*
to walk	*caminar*

Adverbios, pronombres, etc.

few	*poco* (con un sustantivo contable)
a few	*algunos, unos pocos*
little	*poco* (con un sustantivo incontable)
a little	*un poco*
lots of	*mucho*

asleep	*dormido*
on foot	*a pie*
eventually !	*finalmente*
fluently	*fluidamente, con fluidez*
soon	*pronto*

Sustantivos

bed	*cama* (ver Unit 4)
carpet !	*alfombra*
Easter	*Pascua*
half	*mitad*
hope	*esperanza*
horse	*caballo*
hostel	*hostal*
library !	*biblioteca*

Unit 9
VOCABULARY

professor	*profesor* (secundaria, universidad, etc.)
strawberry	*fresa*
teacher	*profesor* (maestro de primaria)
ticket	*billete, recibo, entrada*
return ticket (GB) / **round trip** (US)	*billete de ida y vuelta*
single ticket (GB) / **one-way ticket** (US)	*billete de ida*
season ticket	*abono / pase de temporada*
success ✋!	*éxito*
vacancy	*puesto vacante*

Medios de transporte

lorry	*camión*
plane (apócope de **aeroplane** (GB) **airplane** (US))	*avión*
ship	*barco, buque* (más grande que **boat**)
train	*tren*
underground (GB) **subway** (US)	*metro*

Adjetivos

fluent	*coloquial* (lenguaje)
important	*importante*
lazy	*perezoso*

Unit 9
ANSWERS

YOUR SCORE:

Basics

PAGES 86-87 – Expresar una cantidad: la forma interrogativa

1 A | 2 A | 3 B | 4 C | 5 A

1 A | 2 B* | 3 B | 4 C | 5 A

* **Lots** siempre va seguido de **of**, en el sentido de *muchos*. Sin embargo, puede usarse sin la preposición como respuesta a una pregunta: **– Have you got much work? – Lots.**

PAGES 87-88 – Cantidades pequeñas

1 A | 2 B | 3 B | 4 C | 5 A | 6 A | 7 A | 8 B | 9 A | 10 A

1 A | 2 B | 3 A | 4 C

PAGES 88-89 – Los verbos de movimiento y los medios de locomoción

1 A | 2 B | 3 C | 4 A | 5 A | 6 A

PAGE 89 – Las preposiciones de tiempo (nociones básicas)

1 A | 2 B | 3 C | 4 B* | 5 B

* En inglés americano, **on weekends** es la forma más habitual.

PAGES 89-90 – Traducir el verbo «hacer»

1 B | 2 A | 3 C | 4 B | 5 A | 6 B* | 7 B | 8 A | 9 C | 10 B

* **To bake**, *hornear*, un método no recomendado para preparar el té.

PAGES 90-91 – La hora

1 B | 2 A y C | 3 A | 4 B y C | 5 A | 6 B | 7 B | 8 A y B | 9 A y C | 10 C

Recuerda que con el reloj de doce horas, se puede añadir **a.m.** y **p.m.** para distinguir *por la mañana* y *por la tarde/noche*, respectivamente.

PAGES 91-92 – Falsos amigos

1 A | 2 B | 3 B | 4 B | 5 A

1 A | 2 B | 3 C | 4 B | 5 B

¿Has obtenido entre 0 y 16? Revisa todas las preguntas para repasar los errores que has cometido.
¿Has obtenido entre 17 y 33? No está mal, pero todavía lo puedes hacer mejor.
¿Has obtenido entre 34 y 50? ¡Genial! Analiza los errores y, si es necesario, revisa los conceptos que más dificultades te presentan.
¿Has obtenido 51 o más? You're really very good!

Unit 10
BASICS

Answers p. 104

Focus Continuidad / Repetición de una acción

Elige la palabra que convenga para completar estas oraciones.

1. The plumber must be on the phone. The line is _____ engaged.
   - A still
   - B always
   - C again
2. You're _____ late for work. Buy an alarm clock!
   - A still
   - B always
   - C again
3. The clock has stopped _____. That's the third time this week.
   - A still
   - B always
   - C again
4. We _____ go on holiday in March because the beaches are empty.
   - A still
   - B always
   - C again
5. Does Josh _____ work at that book shop in Brooklyn?
   - A still
   - B always
   - C again

Hint Para expresar que una acción o situación continúa en el tiempo se utiliza **still**: **I still live in Brooklyn**, *Todavía vivo en Brooklyn*; y si es una acción o situación que se repite se utiliza **again**: **He's late again**, *Llega tarde otra vez.*

Aquí tienes un pequeño diálogo extraído de una ***romcom*** («comedia romántica»).

1. "I hope that I can see you _____...
   - A still
   - B always
   - C again
2. ...because I _____ love you!"
   - A still
   - B always
   - C again
3. "I think that I will _____ love you, even if you don't love me."
   - A still
   - B always
   - C again
4. "Are you _____ married to Sam?"
   - A still
   - B always
   - C again
5. "Or are you now single _____?"
   - A still
   - B always
   - C again

Focus Inclusión / Exclusión

Presta atención a la preposición y elige la réplica correcta.

1. – I hate cabbage! – _____.
   (A) So I do (B) So do I (C) So me
2. – We hope she passes her exams. – _____.
   (A) So do us (B) So do we (C) We do so
3. – He can sing beautifully. – _____.
   (A) So does can (B) She can so (C) So can she
4. – Malcom's a vegan. – _____.
   (A) So they do (B) So are they (C) So can they
5. – My wife is a nurse. – _____.
   (A) So am I (B) So do I (C) I am so

Hint En la primera persona del singular, se puede ser más conciso respondiendo simplemente **Me too**: **– I hate cabbage. – Me too**, *– Odio el repollo. – Yo también.*

Ahora elige la réplica correcta con ***so*** *o* ***neither****, prestando atención a la preposición.*

1. – I don't want to go swimming. – _____.
   (A) Neither do I (B) I do neither (C) Neither I do
2. – I hope that he feels better. – _____.
   (A) So do us (B) So do we (C) We do so
3. – We can't come to your party. – _____.
   (A) Neither do them (B) Neither can't they (C) Neither can they
4. – She doesn't drive a car. – _____.
   (A) Neither does he (B) Neither him (C) He drives neither
5. – They aren't interested in our offer. – _____.
   (A) Neither do she (B) Neither can she (C) Neither is she

Hint De la misma manera, se puede responder en forma negativa con el pronombre complemento y adverbio **neither**. Así, **Neither do I**, *Yo tampoco*, se convierte en **Me neither**.

Unit 10
BASICS

Focus Las preposiciones de posición y de movimiento (cont.)

Answers p. 104

Elige la preposición correcta.

1. Hold the phone _____ your head if the signal is bad.
   (A) around (B) above (C) about

2. – Where are you _____? – I'm _____ New Orleans.
   (A) at – at (B) in – in (C) from – from

3. The letterbox is _____ the front door.
   (A) next (B) next to (C) before

4. What's the difference _____ the United Kingdom and Great Britain?
   (A) beneath (B) between (C) from

5. When you _____ of the subway station, turn left.
   (A) come from (B) come back (C) come out

6. Your lifejacket is _____ your seat.
   (A) up (B) under (C) down

7. Give the letter _____ me, please.
   (A) to (B) at (C) Ø

8. You can _____ the living room if you want.
   (A) come (B) come into (C) come in

9. I'm going to walk _____ the road and buy a box of doughnuts.
   (A) down (B) on (C) under

10. Go _____ the garden and cross the bridge.
    (A) through (B) though (C) thorough

Focus Los pronombres posesivos (continuación)

Selecciona el pronombre posesivos que corresponde al pronombre personal que aparece entre paréntesis.

1. – Which overcoat is yours, Nick? – That blue one is (I).
   A my   B mine   C mein

2. My phone is uncharged. Can I use (you)?
   A yours   B your   C you

3. – Whose boots are these? – I think they are (she).
   A her   B she's   C hers

4. That backpack is new so it must be (they).
   A theres   B theirs   C theyres

5. Here are the keys. This room is (we) and that one is (he). Goodnight.
   A our – his   B ours – him   C ours – his

Focus Los pronombres posesivos en una frase con *of*

Elige la opción correcta.

1. Marion is not a friend _____.
   A of me   B of mine   C of I

2. Meet Marshal. He's a cousin _____ from America.
   A of us   B of we   C of ours

3. This is Sue. She's a friend _____.
   A of me   B of I   C of mine

4. Stan is an artist. This is a painting _____.
   A of his   B of him   C of he

5. Max and Lynn want to contact an old colleague _____.
   A of there   B of they   C of theirs

Unit 10
BASICS

Hint En este tipo de construcción con **of**, ten cuidado de usar el pronombre posesivo en lugar de los pronombres complemento **(a friend of mine**, no **of me)**.

Focus Las trampas de la ortografía

Elige la ortografía inglesa correcta que corresponde a estas palabras españolas:

Answers p. 104

1. confort
   A confert B cumfort C comfort
2. pesimista
   A pesimist B pessimist C pessimiste
3. efecto
   A effecte B efect C effect
4. adjetivo
   A adjetive B adjective C adjectif
5. excelente
   A excelente B excellent C excellent
6. atractivo
   A attractif B atractive C attractive
7. posesivo
   A possesive B possessive C posessive
8. temperatura
   A temperatur B temperture C temperature
9. apartamento
   A appartment B apartment C apartament
10. positivo
    A possitive B positif C positive

Hint ¡La pronunciación en inglés es traicionera! En algunas series de tres opciones, hay una que, aunque es falsa, se corresponde bien con la forma en que se pronuncia la palabra.

Focus Las «question tags» (continuación)

Completa con las «question tags» apropiadas.

1. We can't use his email address, _____?
   (A) can't we (B) can we (C) can us

2. The signal is strong enough, _____?
   (A) is it (B) isn't it (C) ain't it

3. Zack must not be late for his appointment, _____?
   (A) must he (B) mustn't he (C) must not he

4. You haven't got any ideas, _____?
   (A) haven't got you (B) have got you (C) have you

5. You talk to Jerry every week, _____?
   (A) don't you (B) do not you (C) have you

Hint El secreto de las «question tags» es simple: si la primera parte de la frase es afirmativa, la «tag» será negativa y viceversa.

Focus Repaso

Elige la opción correcta.

1. I can't decide which colour I want. I like _____ them.
   (A) both of (B) both (C) bother of

2. Let's _____ chatting online with him.
   (A) trying (B) try to (C) try

3. There's not _____ difference between the two companies.
   (A) much (B) many (C) little

4. – I really like that new video by Trax. – _____ too.
   (A) Me (B) I (C) Mine

5. What kind of computer have you _____?
   (A) get (B) got (C) have

Unit 10
VOCABULARY

Verbos

to be on the phone	*estar al teléfono*
to chat	*charlar, chatear*
to come back (to)	*volver (a)*
to come from	*venir de*
to come in(to)	*entrar*
to come out	*salir*
to pass an exam	*aprobar un examen*
to try	*intentar*

Adverbios, pronombres, etc.

above	*sobre*
again	*de nuevo*
always	*siempre*
around	*alrededor*
beneath	*debajo de*
between	*entre*
enough	*bastante, suficiente*
even	*incluso*
still	*todavía*
under	*bajo*

Sustantivos

backpack	*mochila*
beach	*playa*
boot	*bota*
bridge	*puente*

cabbage	*repollo*
clock **alarm clock**	*reloj* *reloj despertador*
comfort	*comodidad*
doughnut (a veces **donut**)	*donut*
effect	*efecto*
letter **letterbox**	*carta* *buzón*
life jacket	*chaleco inflable*
living room	*salón* (lit. «habitación para vivir»)
nurse	*enfermero/-a*
overcoat	*abrigo*
plumber	*fontanero*
temperature	*temperatura*

Adjetivos

attractive	*atractivo*
both **both of**	*ambos, los dos* *cada uno de*
excellent	*excelente*
old	*viejo, antiguo*
pessimist	*pesimista*
possessive	*posesivo*
positive	*positivo*
single	*soltero*

Unit 10
ANSWERS

YOUR SCORE:

Basics

PAGE 96 – Continuidad / Repetición de una acción
1 A | 2 B | 3 C | 4 B | 5 A
1 C | 2 A | 3 B | 4 A | 5 C

PAGE 97 – Inclusión / Exclusión
1 B | 2 B | 3 C | 4 B | 5 A
1 A | 2 B | 3 C | 4 A | 5 C

PAGE 98 – Las preposiciones de posición y de movimiento (continuación)
1 B | 2 C | 3 B | 4 B | 5 C* | 6 B | 7 A | 8 B | 9 A | 10 A**
* En inglés americano, **the subway** significa *el metro*. En Londres este medio de transporte se llama **the underground** *(el subterráneo)* o, más coloquialmente, **tube** o **Tube** *(el tubo)*. En otras ciudades con un sistema similar, los nombres varían.
** Estas tres palabras son similares, pero el significado y la pronunciación son muy diferentes: **through** = [Zru], *a través de*; **though** = [Doh], *aunque*; **thorough** = [Zoroh], *riguroso*.

PAGE 99 – Los pronombres posesivos (continuación) y en una frase con **of**
1 B | 2 A | 3 C | 4 B | 5 C
1 B | 2 C | 3 C | 4 A* | 5 C
* **A painting of him**, *un cuadro de él*, un cuadro que lo representa; **a painting of his**, *un cuadro suyo*, un cuadro que ha hecho él o que le pertenece.

PAGE 100 – Las tampas de la ortografía
1 C | 2 B | 3 C | 4 B | 5 C | 6 C | 7 B | 8 C | 9 B | 10 C
Algunas de estas propuestas representan la pronunciación figurada de la palabra: 4 c), 5 b), 6 a), 10 b).

PAGE 101 – Las «question tags» (continuación)
1 B | 2 B* | 3 A | 4 C | 5 A
* **Ain't it** es una variante muy popular de **isn't it**, que encontrarás en algunos medios (canciones, guiones, etc.). Es bueno que la conozcas, pero te recomendamos que no la utilices.

PAGE 101 – Repaso
1 A | 2 C | 3 A* | 4 A | 5 B
* **Little** sería correcto si el verbo estuviera en afirmativo.

¿Has obtenido entre 0 y 15? Revisa todas las preguntas para repasar los errores que has cometido.
¿Has obtenido entre 16 y 31? No está mal, pero todavía lo puedes hacer mejor.
¿Has obtenido entre 32 y 49? ¡Genial! Analiza los errores y, si es necesario, revisa los conceptos que más dificultades te presentan.
¿Has obtenido 50 o más? You're really very good!

Focus Los pronombres interrogativos (continuación)

Utiliza los pronombres en negrita para formar la pregunta correcta para la respuesta dada.

Answers p. 115

1. **what**: He wants to wear his new suit.
   - A What does he want to wear?
   - B What he wants to wear?
   - C What he does want to wear?

2. **why**: They are famous because they are on television.
   - A Why they are famous?
   - B Why do they are famous?
   - C Why are they famous?

3. **who**: They admire the guy who owns the bookshop.
   - A Who do they admire?
   - B Who they admire?
   - C Who guy they admire?

4. **where**: She lives in a studio apartment in the city.
   - A Where she lives?
   - B Where does she live?
   - C Where lives she?

5. **when**: Angela arrives at Heathrow Airport at midday.
   - A When Angela does she arrive?
   - B When does Angela arrive?
   - C When Angela arrives?

Hint No se usa nunca **do/does** como auxiliar interrogativo si la pregunta contiene el verbo **to be**.

Unit 11
BASICS

Seguimos.

Answers p. 115

1. **which**: I prefer rugby.
   - A Which do you sport prefer?
   - B Which sport do you prefer?
   - C Which sport you do prefer?

2. **what**: You serve red wine with pasta.
   - A What wine do you serve with pasta?
   - B What does wine you serve with pasta?
   - C What wine you do serve with pasta?

3. **which**: I prefer swimming.
   - A Which do you prefer: swimming or diving?
   - B Which prefer you: swimming or diving?
   - C Which do you are prefer: swimming or diving?

4. **who**: We want an ice cream.
   - A Who does want an ice cream?
   - B Who an ice cream wants?
   - C Who wants an ice cream?

5. **where**: My mobile is on the table.
   - A Where does your mobile?
   - B Where is your mobile?
   - C Where does be your mobile?

Hint **Who**, **what** y **which** no van seguidos del auxiliar **do/does** si son el sujeto de la interrogación.

Focus Los pronombres relativos

Elige el pronombre relativo correcto. (Puede haber dos respuestas válidas).

1. The people _____ own the nightclub are on holiday.
   - A who
   - B which
   - C that

2. Damian writes a blog _____ is very popular with teenagers.
   (A) who (B) what (C) which

3. I really like the spices _____ they use in their food.
   (A) that (B) who (C) which

4. She is the person _____ I admire the most.
   (A) what (B) which (C) who

5. Do you know _____ they want to do this afternoon?
   (A) what (B) that (C) which

6. The people _____ live in the flat above us make a lot of noise.
   (A) what (B) that (C) who

Hint Usamos **whom** en lugar de **who** en un lenguaje muy culto si el antecedente es una persona y el complemento **(the man whom you choose**, *el hombre a quien eliges*. Sin embargo, y aceptado por los puristas, la mayoría de los angloparlantes se conforman con **who** como sujeto y complemento, y **whom** ya casi no se usa en el lenguaje actual.

7. Here are the things _____ they want for a birthday present.
   (A) which (B) that (C) who

8. The articles _____ he writes for the website are not very interesting.
   (A) who (B) which (C) what

9. I don't like the people _____ he knows.
   (A) that (B) which (C) what

10. Deborah's very stylish: I love the dresses _____ wears.
   (A) that (B) who (C) what

Hint **That** puede reemplazar a **which** (e incluso a **who**) cuando se usan como pronombres relativos: **the car which / that I drive; the man who / that owns**, etc. No hay diferencia en el significado, aunque **that** se considera un poco menos formal que **which**.

Unit 11
BASICS

Answers p. 115

Completa las siguientes frases:

1. The person _____ is parked in front of the gate must move it.
   A what car   B whose the car   C whose car
2. The park, _____ is not open on Sunday, has a very nice view of New York.
   A who's   B which   C Ø
3. The shops _____ are open on Sunday are all in the city centre.
   A that   B whose   C Ø
4. Sally's a person _____ very kind and generous.
   A whose   B who's   C that
5. _____ phone number is this?
   A Who's   B Which is   C Whose
6. Joanne Bowling is a writer _____ bestseller is now a movie.
   A of which   B whose   C that

Hint Es fácil confundir el pronombre posesivo **whose**, *a quién, de quién*, y el sintagma **who's** (**who is**, *quién es*), especialmente en el lenguaje hablado. ¡Ten cuidado!

Usa los pronombres en negrita para formar las preguntas correspondientes a las respuestas dadas.

1. **who**: I talk to my son every Sunday.
   A Who talk you to?   B To you do you talk?   C Who do you talk to?
2. **what**: We're interested in his opinion.
   A What are you interested in?
   B What interested you?
   C In what do you interest?
3. **where**: She comes from Canada.
   A Where does she come?
   B Where does she come from?
   C From where she comes?

4. **which**: I always pay with my debit card.
   - (A) Which card do you pay with?
   - (B) With which card you pay?
   - (C) Which do you pay with card?

5. **what**: We are thinking about the concert.
   - (A) What you are thinking about?
   - (B) What are you thinking about?
   - (C) About what you are thinking?

Hint En lugar de comenzar una pregunta con una preposición seguida de un pronombre interrogativo, como en español (*¿Con quién hablas?*), esta se coloca al final (**Who do you talk to?**). No es una regla gramatical, pero sí una práctica común.

Focus La forma interrogativa negativa

Completa las siguientes frases en la forma interrogativa negativa:

1. _____ you answer the invitation?
   (A) Why doesn't (B) Why don't (C) Why not

2. _____ any messages for us?
   (A) Are there not (B) Is not there (C) Aren't there

3. _____ take an interest in politics?
   (A) Doesn't they (B) They don't (C) Don't they

4. _____ wear my new shoes?
   (A) Can't I (B) Don't can I (C) Can I no

5. _____ a plumber?
   (A) Can't he (B) Isn't he (C) Doesn't he

Hint En el inglés habitual, la forma interrogativa negativa siempre utiliza las contracciones. La forma completa (**Do not they**, etc.) se reserva sobre todo para la literatura.

Unit 11
BASICS

Focus El adverbio *even*

Elige la opción correcta.

1. It's not difficult to speak French. _____ do it.
   - A Even you can
   - B You even can
   - C Even can you

2. It rains in September on the Rockies. _____ snows.
   - A It even
   - B Even it
   - C It can even

3. I'm grateful, _____ say thank you.
   - A even if I don't
   - B if even I don't
   - C if don't I even

4. Ruth is angry. _____ to me.
   - A Even she doesn't talk
   - B She doesn't even talk
   - C She even does not talk

5. The pub is great for families. _____ play room for children.
   - A Even there is a
   - B There's even a
   - C There even is

Hint En general, **even** se coloca directamente delante del verbo para intensificar el tema (**it even snows**, *incluso nieva*). Este adverbio también se puede colocar delante de la frase a la que se refiere: **even if you don't like me**, *incluso si no te gusto*.

Focus Las expresiones interrogativas de medida, cantidad, etc.

Elige la pregunta que corresponde a la respuesta dada.

1. The Mississippi River measures more than two thousand miles.
   - A How long is the Mississippi River?
   - B How length is the Mississippi River?
   - C Which far is the Mississippi River?

2. The hotel is three miles from downtown Detroit.
   - A Which far is the hotel from downtown Detroit?
   - B How distance is the hotel from downtown Detroit?
   - C How far is the hotel from downtown Detroit?

3. Our garage measures ten feet from wall to wall.
   - A How width is our garage?
   - B How wide is our garage?
   - C How large is our garage?

Answers p. 115

4. I weigh seven stone and six pounds.
   - A How weigh are you?
   - B How heavy are you?
   - C Which weight are you?

5. Central Park covers more than eight hundred acres.
   - A How big is Central Park?
   - B How sized is Central Park?
   - C What acres are in Central Park?

Hint Estas expresiones muy idiomáticas nos permiten pedir detalles, cuya naturaleza depende de la segunda palabra de la pregunta (**old**, **big**, etc.). La respuesta se forma generalmente con **to be**.

6. I'm very young: my birthday is on the twenty-eighth of October.
   - A How many years have you?
   - B How much age do you have?
   - C How old are you?

7. Marcus measures six feet from head to toe.
   - A How tall Marcus is?
   - B How tall is Marcus?
   - C How high is Marcus?

8. The total height of Mount Snowdon is three thousand five hundred feet.
   - A How high is Mount Snowdon?
   - B What height Mount Snowdon?
   - C How is Mount Snowdon high?

9. I eat fast food five times a week.
   - A How often do you eat fast food?
   - B How many times you eat fast food?
   - C When do you eat fast food five times?

Answers p. 115

10. I speak Chinese fluently.
   - A How good do you speak Chinese?
   - B How well do you speak Chinese?
   - C How fluent do you Chinese?

Hint No confundas **high** y **tall** (*alto*). La pregunta **how high** se utiliza para las cosas (nunca para las personas) que son altas, como una montaña, las nubes, etc., mientras que **how tall** se aplica tanto a los seres humanos como a los objetos estrechos (árbol, mástil, etc.).

Focus Vocabulario temático: el ocio

Elige la traducción correcta.

1. *navegar a vela*
   - A to sing
   - B to sail
   - C to veil

2. *excursión*
   - A hiking
   - B hiding
   - C running

3. *ir a pescar*
   - A to go fighting
   - B to go fishing
   - C to go snorkelling

4. *dibujar*
   - A to design
   - B to draw
   - C to paint

5. *jardinería*
   - A landscape
   - B garden
   - C gardening

6. *entrenar*
   - A to work out
   - B to train
   - C to work up

7. *natación*
   - A slimming
   - B diving
   - C swimming

8. *patinar*
   - A to skate
   - B to slate
   - C to do skate

9. *coser*
   - A to sew
   - B to knit
   - C to knot

10. *bricolaje*
    - A bricking
    - B DIY
    - C repairing

Verbos

to be angry	*estar enfadado*
to be grateful	*estar agradecido*
to dress	*vestir a, vestirse*
to own	*poseer*
to sell	*vender*
to wear	*llevar puesto* (ropa)
to weigh	*pesar*

Adverbios, pronombres, etc.

the most	*el más*
whose	*de quién* (posesivo), *cuyo* (relativo)
How big...?	*¿Qué tamaño...?*
How far...?	*¿A qué distancia...?*
How heavy...?	*¿Cuánto pesa...?*
How high...?	*¿Qué altura...?*
How long...?	*¿A qué distancia...? / ¿Cuánto tiempo...?*
How often...?	*¿Con qué frecuencia...?*

Unit 11
VOCABULARY

How tall...?	*¿Qué altura...?*
How wide...?	*¿Qué anchura...?*

Sustantivos

birthday	*cumpleaños (***birth**, *nacimiento)*
dress	*vestido*
gate	*cancela, verja*
guy	*chico, tipo, tío* (coloquial)
height	*altura*
length	*longitud*
pound	*libra* (moneda), unidad de peso: *453,6 kg*
stone	*piedra*, unidad de peso: *6,348 kg*
suit	*traje* (**suitcase**, *maletín*)
toe	*dedo del pie*
weight	*peso*
width	*ancho*

Adjetivos

angry	*enfadado*
far	*lejano*
heavy	*pesado*
wide	*de ancho*

Basics

PAGES 105-106 – Los pronombres interrogativos (continuación)

1 Ⓐ 2 Ⓒ 3 Ⓐ 4 Ⓑ 5 Ⓑ

1 Ⓑ 2 Ⓐ 3 Ⓐ 4 Ⓒ 5 Ⓑ

PAGES 106-109 – Los pronombres relativos

1 Ⓐ 2 Ⓒ 3 Ⓐ y Ⓒ 4 Ⓒ 5 Ⓐ 6 Ⓑ y Ⓒ 7 Ⓐ y Ⓑ 8 Ⓑ 9 Ⓐ 10 Ⓐ

1 Ⓒ 2 Ⓑ 3 Ⓐ 4 Ⓑ 5 Ⓒ 6 Ⓑ

1 Ⓒ 2 Ⓐ 3 Ⓑ 4 Ⓐ 5 Ⓑ

PAGE 109 – La forma interrogativa negativa

1 Ⓑ 2 Ⓒ 3 Ⓒ 4 Ⓐ 5 Ⓑ

PAGE 110 – El adverbio **even**

1 Ⓐ 2 Ⓐ* 3 Ⓐ 4 Ⓑ 5 Ⓑ**

* La respuesta c) no es correcta porque hay una «s» en **snow**: **It can even snow.**

** **A play room**, *sala de juegos*, se puede escribir en una sola palabra: **playroom**.

PAGES 110-112 – Las expresiones interrogativas de medida, cantidad, etc.

1 Ⓐ* 2 Ⓒ 3 Ⓑ 4 Ⓑ** 5 Ⓐ 6 Ⓒ 7 Ⓑ 8 Ⓐ 9 Ⓐ 10 Ⓑ

* En inglés británico, la palabra **river**, *río*, precede al nombre del río **(the River Thames)** pero en inglés americano va detrás: **the Snake River**.

** Muchos países anglosajones utilizan el sistema de medición conocido como **avoirdupois**. En Gran Bretaña, donde el sistema métrico se adoptó hace unos sesenta años, este sistema todavía se usa en la vida diaria para medir el peso de una persona (**a stone** = 14 libras = 6,3 kg), su altura (**one foot** = 0,3 m) así como para superficies terrestres (**an acre** = 4046 m^2).

PAGES 112-113 – Vocabulario temático: el ocio

1 Ⓑ* 2 Ⓐ 3 Ⓑ 4 Ⓑ 5 Ⓒ 6 Ⓑ 7 Ⓒ 8 Ⓐ 9 Ⓐ** 10 Ⓑ***

* **A veil**, *un velo*; **to veil**, *cubrir con un velo*.

** No confundir con su homófono **to sow**, *sembrar*.

*** Este acrónimo (pronunciado [di ai uai]) significa **do it yourself** *(hágalo usted mismo);* que podríamos traducir como *bricolaje*.

¿Has obtenido entre 0 y 15? Revisa todas las preguntas para repasar los errores que has cometido.
¿Has obtenido entre 16 y 31? No está mal, pero todavía lo puedes hacer mejor.
¿Has obtenido entre 32 y 49? ¡Genial! Analiza los errores y, si es necesario, revisa los conceptos que más dificultades te presentan.
¿Has obtenido 50 o más? You're really very good!

Answers p. 124

Focus Los pronombres indefinidos compuestos

Elige el pronombre adecuado. (En algunos casos puede haber varias respuestas válidas).

1. _____ wants to see me after work.
   A Someone B Somebody C Something

2. I know that Gary and Jackie live _____ near the town hall.
   A something B somewhere C somebody

3. I have _____ important to tell you.
   A something B somebody C somewhere

4. Can _____ help me please? I need some information.
   A something B somebody C someone

5. I love that song called "_____ Over the Rainbow".
   A Something B Somewhere C Someone

Y ahora en frases negativas:

1. I don't want to talk to _____ about the problem.
   A someone B anyone C anybody

2. You can choose _____ you like, but it must be cheap!
   A anything B someone C anyone

3. We can't find our friends _____.
   A anybody B anyone C anywhere

4. Don't tell _____ about this place. It's a secret.
   A someone B no one C anyone

5. You can't trust _____ if you're a spy!
   A anywhere B anyone C anybody

Hint No hay diferencia entre **someone/somebody** o **anyone/anybody**. Estrictamente hablando, podemos decir que la terminación **-one** es un poco más formal que **-body**, pero en la práctica las dos palabras son sinónimas.

Focus Expresar posibilidad / permiso

Elige la opción correcta.

1. _____ ask you a question?
   A May I — B May me — C Do I
2. Your parcel _____ tomorrow, but I'm not sure.
   A may arrives — B does arrive — C may arrive
3. If you have finished this exercise, _____ home.
   A may you go — B you may go — C do you go
4. We _____ him in May, because the season doesn't start until June.
   A may not to see — B can't to see — C may not see
5. You _____ wrong. In fact, I hope you are.
   A can are — B may are — C may be

Hint **May** expresa posibilidad pero también cortesía, especialmente cuando se hace una pregunta. Para la negación, basta con añadir simplemente **not** después de este verbo modal: **may not** (que no se puede contraer). Además, recuerda que **May**, con mayúscula, significa... ¡el mes de *mayo*!

Ahora, elige la o las opciones correctas.

1. _____ play poker?
   A Can you — B May you — C May do you
2. – _____ help you? – No thanks.
   A May I — B Can I — C Do I
3. There _____ a storm tomorrow.
   A can be — B may be — C is perhaps
4. _____ some oil and vinegar for my salad, please?
   A May I have — B May I to have — C Can I to have
5. We _____ Brighton this weekend. It depends on the weather.
   A may go to — B can go to — C may go

Unit 12
BASICS

Hint A diferencia de **may**, **can** expresa a la vez capacidad y posibilidad. Sin embargo, se puede usar cualquiera de los dos cuando se pide permiso **(May I...?, Can I ...?)**. En principio, el primero es más formal que el segundo, pero en la práctica no hay diferencia o es muy pequeña.

Focus Los sustantivos plurales y las excepciones

Elige la palabra adecuada. (Puede haber más de una respuesta válida).

1. The new series _____ on Channel Four tonight.
   - A starts
   - B start
   - C are start

2. The customs in Scotland _____ very different from English customs.
   - A are
   - B is
   - C 's

3. – How _____ business? – Bad, because everybody now does their shopping online.
   - A 's
   - B 're
   - C 'd

4. The news from America _____ fascinating at the moment.
   - A are
   - B is
   - C does

5. They are very _____. They never spend any money.
   - A mean
   - B means
   - C meant

Hint Hay que tener cuidado con los «falsos plurales», esos sustantivos que terminan en «s» pero que son singulares. Además, algunos nombres propios que denotan un grupo de personas (**police**, **government**, etc.) pueden ser singulares O plurales. Hay una pequeña diferencia semántica pero, desde un punto de vista práctico, se usa sobre todo el plural.

Continuamos.

1. My favourite means of communication _____ instant messaging.
   - A is
   - B are
   - C Ø

2. Ireland _____ playing Scotland at rugby in Edinburgh on Saturday.
   - A is
   - B are
   - C does

3. The police _____ to interview a tall man with grey hair.
   - A are want
   - B wants
   - C want

4. A hundred pounds _____ a lot to pay for a pair of jeans.
   - **A** are
   - **B** be
   - **C** is

5. The government _____ to increase income tax next year.
   - **A** want
   - **B** wants
   - **C** must

Focus La posición de los adverbios (continuación)

Coloca los adverbios en el lugar correcto en las siguientes frases.

1. a lot: to like
   - **A** We like a lot Birmingham.
   - **B** We a lot like Birmingham.
   - **C** We like Birmingham a lot.

2. well: to speak English
   - **A** In Sweden, they speak well English.
   - **B** In Sweden, they speak English well.
   - **C** In Sweden, they well speak English.

Answers p. 124

3. at all: to know
   - **A** You don't know me at all, do you?
   - **B** You at all don't know me, do you?
   - **C** You don't know me, do you at all?

4. very much: to earn
   - **A** She doesn't very much earn as a hair stylist.
   - **B** She doesn't very earn much as a hair stylist.
   - **C** She doesn't earn very much as a hair stylist.

Hint Aunque, en general, los adverbios se colocan directamente antes o después del verbo, los cuatro que acabamos de ver se colocan después del complemento de objeto directo.

Unit 12
BASICS

Elige la posición correcta del adverbio en estas frases interrogativas:

1. often
   - A Do your teachers often correct your pronunciation?
   - B Do often your teachers correct your pronunciation?
   - C Do your teachers correct often your pronunciation?

2. ever
   - A Can the two competitors be ever friends?
   - B Can the two competitors ever be friends?
   - C Can ever the two competitors be friends?

Answers p. 124

3. always
   - A Must we always tell the truth?
   - B Must always we tell the truth?
   - C Must we tell always the truth?

4 sometimes
   - A Are sometimes you late for work because of traffic?
   - B Are you late sometimes for work because of traffic?
   - C Are you sometimes late for work because of traffic?

Hint En la forma interrogativa, el adverbio se coloca detrás del sujeto de la oración.

Focus El vocabulario americano y el vocabulario británico

Elige la palabra americana que corresponde a su equivalente en inglés británico.

1. a lift
   - A an elevator
   - B a rise
   - C a jumper

2. trousers
   - A shorts
   - B pants
   - C cords

3. a tin
   - A a can
   - B a container
   - C a metal box

4. a handbag
   - (A) a backpack
   - (B) a purse
   - (C) a pocket book

5. a flat
   - (A) a bed-sitter
   - (B) a studio
   - (C) an apartment

6. autumn
   - (A) fall
   - (B) leafy
   - (C) harvest

7. a pavement
   - (A) a footpath
   - (B) a sidewalk
   - (C) a passage

8. chips
   - (A) crisps
   - (B) fries
   - (C) bits

9. sweets
   - (A) toffees
   - (B) treats
   - (C) candy

10. a torch
   - (A) a flame
   - (B) a flashlight
   - (C) a headlamp

Hint Por supuesto, los británicos y los estadounidenses no son los únicos angloparlantes de la Tierra. Otros países, como Australia y Nueva Zelanda, también tienen su propio vocabulario, pero estas variantes son menos conocidas. En general, el vocabulario estadounidense es bastante conocido en Gran Bretaña gracias a los medios de comunicación, pero lo contrario no es necesariamente cierto, por lo que te recomendamos que aprendas los dos, aunque solo sea para no confundir la gasolina y el gas.

Focus Vocabulario temático: la hostelería

Elige la traducción correcta. (Puede haber dos respuestas válidas).

1. *reservar una habitación*
   - (A) to book a room
   - (B) to book a bedroom
   - (C) to reserve a room

2. *dejar y pagar la habitación*
   - (A) to pay the note
   - (B) to check in
   - (C) to check out

3. *camarera de piso*
   - (A) a room woman
   - (B) a room maid
   - (C) a chambermaid

4. *pensión completa*
   (A) full pension (B) complete pension (C) full board

5. *un hotel barato*
   (A) an economical hotel (B) a budget hotel (C) an economic hotel

6. *una gobernanta*
   (A) a governess (B) a ruler (C) a housekeeper

7. *una caja fuerte*
   (A) a strongroom (B) a safe (C) a strongbox

8. *una almohada*
   (A) a pillow (B) an ear rest (C) a bolster

9. *un baño privado*
   (A) a private bathroom (B) an en-suite bathroom (C) a bathroom suite

10. *un portero*
   (A) a doorman (B) a porter (C) a bellhop

VOCABULARY

Verbos

to trust	*confiar en*
to increase	*aumentar*
to earn	*ganar* (dinero)

Adverbios, pronombres, etc.

until	*hasta*
someone **anyone**	*alguien* afirmativo (*sinónimo* de **somebody**) *alguien* interrogativo / negativo (*sinónimo* de **anybody**)

Sustantivos

cords	*pantalón de pana*
footpath	*vereda, sendero*
harvest	*cosecha*
headlamp / **headlight**	*faro* (coche, etc.)
jumper	*jersey* (GB) *pichi* (US) **Nota:** el significado general es *saltador*
means	*medio(s)*
oil	*aceite*
parcel !	*paquete*
pocket	*bolsillo*
rise	*aumento*
series (sing.)	*serie*
tin	*estaño, hojalata* (incontable)
truth	*verdad*

Diferencias entre el inglés británico y el inglés americano

GB	US	Traducción
pavement	**sidewalk**	*acera*
sweets	**candy**	*caramelo*
tin	**can**	*lata*
torch	**flashlight**	*linterna*
trousers	**pants**	*pantalón / pantalones*

Adjetivos

fascinating	*fascinante*
grey (GB) **gray** (US)	*gris*
leafy	*frondoso* (**leaf**, **leaves**)
mean	*avaro, mezquino*
tall	*alto*

Unit 12
ANSWERS

YOUR SCORE:

Basics

PAGE 116 – Los pronombres indefinidos compuestos
1 A y B | 2 B | 3 A | 4 B y C | 5 B
1 B y C | 2 A | 3 C | 4 C | 5 B y C

PAGE 117 – Expresar posibilidad / permiso
1 A | 2 C | 3 B | 4 C | 5 C
1 A | 2 A y B | 3 B | 4 A | 5 A*
* Gramaticalmente la respuesta b) también sería posible pero el contexto nos indica que se refiere a la posibilidad **(may)** más que la capacidad **(can)**.

PAGES 118-119 – Los sustantivos plurales y las excepciones
1 A | 2 A* | 3 A | 4 B | 5 A**
1 A** | 2*** A y B | 3*** B y C | 4 C | 5*** A y B
* **Customs**, en plural, también puede significar *aduana*. Aunque las costumbres en Escocia pueden diferir de las inglesas, no hay (todavía) una frontera internacional entre los dos países.
** **Mean**: no confundas el adjetivo invariable *(mezquino)* con el sustantivo **means**, que va siempre en plural en el sentido de *medio(s), recurso(s).*
*** Ver el recuadro Hint.

PAGES 119-120 – La posición de los adverbios (continuación)
1 C | 2 B | 3 A | 4 C
1 A | 2 B | 3 A | 4 C

PAGES 120-121 – El vocabulario americano y el vocabulario británico
1 A | 2 B | 3 A | 4 B | 5 C | 6 A | 7 B | 8 B* | 9 C** | 10 B
* Ver solución Unit 9.
** Sustantivo colectivo en inglés americano.

PAGES 121-122 – Vocabulario temático: la hostelería
1 A y C | 2 C* | 3 C | 4 C | 5 B | 6 C | 7 B** | 8 A*** | 9 B | 10 A****
* **to check in**, *registrarse*
** **a strongroom**, *una cámara acorazada*; **a strongbox**, *una caja de caudales*
*** **a bolster**, *una almohada larga*, generalmente cilíndrica
**** **a porter**, *un maletero*; **a bellhop** (US) / **a bellboy** (GB), *un botones*

¿Has obtenido entre 0 y 15? Revisa todas las preguntas para repasar los errores que has cometido.
¿Has obtenido entre 16 y 31? No está mal, pero todavía lo puedes hacer mejor.
¿Has obtenido entre 32 y 47? ¡Genial! Analiza los errores y, si es necesario, revisa los conceptos que más dificultades te presentan.
¿Has obtenido 48 o más? You're really very good!

Answers
p. 133

Focus Los verbos reflexivos

Añade el pronombre reflexivo correspondiente al pronombre personal sujeto indicado entre paréntesis.

1. We really enjoy (we) when we are on holiday.
   A us B ourself C ourselves

2. Here are some home-made scones, Lily: help (you).
   A yourself B yourselves C your

3. Can I make (I) some breakfast?
   A me B myself C mine

4. The English term for "bricolage" is Do It (You).
   A Yourselves B Yourself C Youself

5. They want to buy (they) a bungalow.
   A themself B they C themselves

6. The new oven cleans (it).
   A itselves B itself C its

7. Welcome, Mr and Mrs Bridger. Make (you) at home.
   A yourself B youselves C yourselves

8. The dog hurt (it) in the front garden.
   A itselves B itself C it's

9. Cathy is very angry with (she).
   A her B herself C herselves

10. You and your partner must be honest with (you).
    A yourself B you and her C yourselves

Hint Ten cuidado de no confundir los pronombres reflexivos y los pronombres personales complemento: **I help myself,** *Me ayudo a mí mismo*, y no **~~I help me~~** !

Unit 13
BASICS

Focus Los verbos reflexivos: diferencias entre el inglés y el español

Elige la opción correcta.

Answers p. 133

1. to sit
   - A Please sit you down.
   - B Please sit down yourself.
   - C Please sit down.

2. to feel
   - A I feel sick.
   - B I feel me sick.
   - C I feel myself sick.

3. to shave
   - A He shaves himself once a week.
   - B He shaves once a week.
   - C He shaves him once a week.

4. to wash
   - A She washes herself in cold water.
   - B She wash in cold water.
   - C She washes in cold water.

5. to wake up
   - A We wake us up at six o'clock every morning.
   - B We wake ourselves up at six o'clock every morning.
   - C We wake up at six o'clock every morning.

Hint Es importante aprender estos pocos verbos que son reflexivos o recíprocos en español pero no en inglés, porque añadir un pronombre reflexivo (**myself**, etc.) puede cambiar su significado. Por ejemplo, **I wash myself** (en lugar de simplemente **I wash**) significaría que uno se lava a sí mismo, sin ayuda de nadie.

Seguimos.

1. to concentrate
   - A Concentrate on your studies.
   - B Concentrate yourself on your studies.
   - C Concentrate your studies.

2. to worry
   - A I worry about money.
   - B I am worry about money.
   - C I worry myself about money.

3. to relax
   - A Relax yourself: it's Friday!
   - B Relax: it's Friday!
   - C Be relax: it's Friday!

4. to stand up
   - A Stand up!
   - B Stand you up!
   - C Stand yourself up!

5. to go to bed
   - A He go to his bed very late.
   - B He go to bed very late.
   - C He goes to bed very late.

Focus Ausencia de acción

Elige la palabra adecuada para completar las oraciones.

1. He _____ closes the fridge door properly.
   - A never
   - B neither
   - C not ever

2. I don't think she can _____ be president. She's too honest.
   - A never
   - B ever
   - C sometimes

3. I _____ keep my promises.
   - A ever
   - B always
   - C never not

4. The health minister is very arrogant. He _____ apologises.
   - A nor ever
   - B does ever
   - C never

5. "Buy it now, love it for _____" is a great advertising slogan.
   - A ever
   - B never
   - C later

Unit 13
BASICS

1. "_____ Again" is an American student movement for gun control.

   A Always   B Ever   C Never

2. Does he _____ answer his phone? I need an answer today.

   A always   B never   C not always

3. Get in touch if you are _____ in the neighbourhood.

   A forever   B sometimes   C ever

4. – Don't you go for long walks in the country? – No, _____.

   A I ever   B never   C I never

5. – You _____ _____ buy me diamonds! – I know, I'm broke.

   A never – always   B ever – never   C never – ever

Hint Si **never** significa *nunca* y se usa con un verbo afirmativo, la expresión **never ever**, con este mismo tipo de verbo, refuerza el aspecto dramático del tema: *nunca jamás.*

Focus El modo impersonal

Elige la opción que mejor se ajusta a la forma impersonal («se») en español.

1. There are so many fun activities that _____ never bored.

   A you get   B he is   C you are

2. _____ even work out in the gym.

   A You can   B They are   C She does

3. _____ that knowledge is power.

   A There is   B They say   C It says

4. – What do you and your friends want to do? – _____ to play golf.

   A We want   B They want   C It wants

5. In Spain, _____ celebrate Boxing Day.

   A people don't   B it is not   C there is not

Hint Aunque el pronombre impersonal **one** existe en inglés, se usa poco porque es demasiado formal. Se usa un pronombre personal como **we** (si el hablante es parte del grupo en cuestión: **In England, we...**, *En Inglaterra, nosotros/se...*) o **they** (si la persona no pertenece a ese grupo **(In China, they...**, *En China, se/ellos...* **)**. En el segundo caso, también se usa **people (In China, people...)**.

Focus Los verbos con partícula más frecuentes

Elige la opción correcta.

1. Two salads and a beer. That _____ thirty dollars.
   - A comes to
   - B comes back
   - C comes up
2. I want to _____ this dress.
   - A try on
   - B try up
   - C try down
3. It's too early. Please _____ this evening.
   - A come to
   - B come back
   - C come in
4. Hello and welcome. Please _____...
   - A come by
   - B come to
   - C come in
5. .... and _____ your shoes.
   - A take up
   - B take in
   - C take off
6. This is Maeva. She _____ Martinique.
   - A comes from
   - B comes through
   - C comes about

Hint El significado de los verbos con partícula a menudo es difícil de detectar a partir de los elementos que los componen. Por eso debes aprenderlos en contexto.

Focus El infinitivo

Answers p. 133

Elige la opción correcta.

1. I want _____ for the position at the city college.
   - A you to apply
   - B you apply
   - C that you apply
2. What time do you expect your guests _____?
   - A arrive
   - B arriving
   - C to arrive

3. Please tell them _____.
   A be quiet B to be quiet C that they are quiet

4. I _____ an email rather than a letter.
   A prefer send B prefer that I send C prefer to send

5. We _____ from you soon.
   A hoping to hear B hope to hear C hope to be hear

Hint Los verbos que expresan un deseo de una acción venidera van seguidos de un infinitivo. El subjuntivo se usa poco en el inglés coloquial.

Completa las siguientes oraciones en la forma negativa:

1. We advise you _____ anyone about your relationship.
   A to tell not B not to tell C tell not

2. Can you persuade them _____ food?
   A to waste not B not to waste C waste any

3. We have a problem: we _____ to our account.
   A can't log on B can't to log on C to can't log on

4. The hotel asks you _____ food into your room.
   A don't bring B not to bring C to bring not

5. The show starts in half an hour so _____ late.
   A we mustn't to be B we mustn't be C we must to not be

Hint La negación del infinitivo se forma simplemente agregando **not** antes de **to (not to think)**. Sin embargo, algunos angloparlantes colocan esta partícula u otro adverbio detrás **(to not think)**. Esto se llama **split infinitive** *(infinitivo dividido)*. El debate se desata entre puristas y «modernistas», especialmente los estadounidenses. Para no ofender a nadie, utiliza la forma tradicional y pon **not** delante de **to**.

Focus Vocabulario temático: el tiempo

Answers p. 133

Elige la traducción correcta.

1. *niebla*
   - A fog
   - B draft
   - C frog

2. *trueno*
   - A barrel
   - B thunder
   - C lightning

3. *escarcha*
   - A frozen
   - B freeze
   - C frost

4. *granizo*
   - A hail
   - B breeze
   - C drought

5. *clima suave*
   - A mild weather
   - B soft weather
   - C gentle weather

6. *un pronóstico del tiempo*
   - A a meteorological projection
   - B a weather bulletin
   - C a weather forecast

7. *un chubasco*
   - A a bath
   - B a shower
   - C a snowfall

8. *El tiempo es variable.*
   - A The weather is varying.
   - B The weather is changeable.
   - C The weather varies.

9. *Está diluviando.*
   - A It's raining.
   - B It's pouring.
   - C It's raining cats.

10. *Está nublado.*
    - A It's cloudy.
    - B It's misty.
    - C It's overcast.

Unit 13
VOCABULARY

Verbos

to apologise	*disculparse*
to be broke	*estar sin blanca*
to be in touch	*estar en contacto*
to hear **to hear from**	*oír* *tener noticias de*
to log on	*conectarse* (internet, etc.)
to send	*enviar*
to shave	*afeitar(se)*
to stand up	*ponerse de pie*
to take off	*quitar* (ropa), *despegar* (avión)
to try on	*probarse* (ropa)
to wake up	*despertar(se)*
to wash	*lavar(se)*
to waste	*desperdiciar*

Sustantivos

advertising	*anuncio publicitario*
Boxing Day (UK)	*el 26 de diciembre* **Nota:** en el pasado, los hogares burgueses ofrecían regalos, presentados en *cajas* (**boxes**), a sus empleados domésticos.
diamond	*diamante*
gun	*fusil*
health	*salud*
knowledge	*conocimiento(s)*
power	*potencia, fuerza, energía*
scone	*bizcochito*
walk	*paseo*

Adjetivos

home-made	*casero*
quiet	*tranquilo, silencioso, suave*
sick	*enfermo* (sin. **ill**)

Unit 13
ANSWERS

YOUR SCORE:

Basics

PAGE 125 – Los verbos reflexivos

1 C | 2 A | 3 B | 4 B | 5 C | 6 B | 7 C | 8 B | 9 B | 10 C

Las respuestas falsas compuestas por un sustantivo singular con **-selves** y por uno plural con **-self** son palabras inventadas.

PAGES 126-127 – Los verbos reflexivos: diferencias entre el inglés y el español

1 C | 2 A | 3 B | 4 C | 5 C

1 A | 2 A | 3 B | 4 A | 5 C

PAGES 127-128 – Ausencia de acción

1 A | 2 B | 3 B | 4 C | 5 A

1 C | 2 B | 3 C | 4 B | 5 C

PAGE 128 – El modo impersonal

1 C | 2 A | 3 B | 4 A | 5 A*

* **They**, en lugar de **people**, también sería una respuesta correcta.

PAGE 129 – Verbos con partícula más frecuentes

1 A | 2 A | 3 B | 4 C | 5 C | 6 A

PAGES 129-130 – El infinitivo

1 A | 2 C | 3 B | 4 C | 5 B

1 B | 2 B | 3 A | 4 B | 5 B

PAGE 131 – Vocabulario temático: el tiempo

1 A* | 2 B** | 3 C | 4 A*** | 5 A | 6 C | 7 B**** | 8 B | 9 B***** | 10 A

* **a frog**, *una rana*

** **a barrel**, *un barril*

*** **a breeze**, *brisa*; **a drought**, *sequía*

**** Recuerda que **a shower** significa también *una ducha*.

***** Existe una expresión idiomática, **It's raining cats and dogs** (lit. «llueven gatos y perros»), pero se utiliza poco en el inglés moderno.

¿Has obtenido entre 0 y 15? Revisa todas las preguntas para repasar los errores que has cometido.

¿Has obtenido entre 16 y 31? No está mal, pero todavía lo puedes hacer mejor.

¿Has obtenido entre 32 y 49? ¡Genial! Analiza los errores y, si es necesario, revisa los conceptos que más dificultades te presentan.

¿Has obtenido 50 o más? You're really very good!

Unit 14
BASICS

Focus La forma continua de los verbos no defectivos

Answers p. 143

Elige la opción correcta.

1. _____ the coach to Glasgow tomorrow afternoon.
   A We're taking   B We taking   C We's taking

2. Layla now _____ in San Franciso and _____ to Silicon Valley every day.
   A living – driving   B lives – drives   C is live – is driving

3. At the moment we _____ cash, not cheques or cards.
   A canning only accept
   B can only accept
   C can only accepting

4. My step-brother and sister _____ us next month.
   A come to see
   B come to seeing
   C are coming to see

5. I love the single. Now _____ the rest of the songs.
   A I'm wanting to download
   B I do want to download
   C I want to download

6. Harry usually _____ in sales but today he is _____ in technical support.
   A works – works
   B working – works
   C works – working

7. We must _____ immediately, not _____ until tomorrow.
   A act – wait   B acting – waiting   C to act – to wait

8. That comedian is really funny: he always _____.
   A is making me laugh
   B makes me to laugh
   C makes me laugh

9. She's very excited because she _____ a baby in June.

   A is having
   B has
   C wants

10. Maya _____ money because she _____ to college in the fall.

   A is needing to save – is going
   B needs – to go
   C needs – is going

Hint Los verbos de preferencia o de percepción **(to see, to believe, to want, to feel, etc.)** no tienen una forma progresiva cuando se usan en su sentido propio. Sin embargo, algunos también tienen un significado figurativo. Por ejemplo, **I'm seeing Mike tomorrow** significa que el sujeto tiene una cita con Mike en persona mañana. O **Sue is feeling better** se refiere a la salud de Sue, no a la sensación de sentir o tocar algo.

Ahora, pasa las siguientes frases a la forma negativa o interrogativa:

1. – What _____? – I'm looking for an address in my phone.

   A you are doing
   B do you do
   C are you doing

2. My company _____ my salary this year.

   A does not raise
   B is not raise
   C is not raising

3. We _____ to think about old age!

   A don't want
   B are wanting not
   C aren't wanting

4. Some people now deny climate change and say that temperatures _____.

   A do not rise
   B are not rising
   C don't rising

5. _____ me? I'm sorry that I'm late.

   A Are you waiting for
   B Do you wait for
   C Are you wait for

6. _____ me where they are at the moment?

   A Can you telling
   B Are can you telling
   C Can you tell

7. _____ leave the party but I have to catch the last bus.

   A I'm hating to
   B I hate to
   C I am hate

Answers p. 143

8. _____ our bank account before we order the new couch.
   - A We musting to check
   - B We must to check
   - C We must check

9. _____ a summer holiday this year, are you?
   - A You don't plan
   - B You aren't planning
   - C You aren't to plan

10. _____? What _____ the matter?
   - A Are you crying – is
   - B Do you cry – is
   - C Do you cry – being

Hint Los dos verbos defectivos principales, **can**, *poder* y **must**, *deber*, no tienen la forma continua. (Teóricamente, podemos decir **it is musting** pero eso significaría que *se está pudriendo*, del verbo **to must**, *pudrirse*. Afortunadamente, rara vez se usa).

Focus Los verbos pronominales

Elige la opción correcta.

1. Don't forget _____ at the border and show your passports.
   - A to stop yourself
   - B to stop
   - C to stop yourselves

2. So you and Joe are going camping in Yosemite Park! _____!
   - A Have fun
   - B Have yourself fun
   - C Fun yourself

3. _____ what the future holds for me?
   - A I wonder me
   - B I wonder
   - C I do wonder

4 _____! You're going to miss the beginning of the movie.
   - A Hurry you up
   - B Hurry up
   - C Be in a hurry

5 I think they're _____ about the weather forecast. It's sunny!

A mistaking themselves

B making a mistake

C mistaking

Answers p. 143

Seguimos.

1. – When do Evie and Henry _____? – Next summer, I think.

A plan to marry

B plan to marry themselves

C plan to be marrying

2. _____ in the financial markets at the moment?

A What happens

B What is happening

C What is passing

3. It's important _____ before you start a long drive.

A to rest yourself B to stay C to rest

4. The child's parents _____ all the time. That is why they _____.

A argued themselves – divorced themselves

B argued – divorced

C argued each other – divorced each other

5. At the end of the play, they _____ on the platform and _____.

A meet themselves – kiss themselves

B are meeting – kissing

C meet – kiss

Hint Algunos verbos pronominales en español se traducen por un verbo sin preposición en inglés ya que no es necesario precisar quién recibe la acción (**to regret**, *arrepentirse*: uno no «arrepiente» a otra persona).

Unit 14
BASICS

Focus Las expresiones de tiempo

Answers p. 143

Elige la palabra o expresión adecuada.

1. There are twenty-nine days in February this year: it's a _____.
   - A jump year
   - B leap year
   - C bisex year

2. I'm away on business for_____, from the first to the fifteenth.
   - A a fortnight
   - B fifteen nights
   - C an extended week

3. What are the major trends in the first _____ of the twenty-first century, since the year 2000?
   - A decennials
   - B decades
   - C ten days

4. The company is publishing its financial results for the fourth _____ of the year.
   - A semester
   - B quarter
   - C half

5. A road accident can change your life in _____.
   - A a quick second
   - B a small second
   - C a split second

Hint El término **bissextile year** existe en un registro técnico, pero nunca se usa en inglés cotidiano.

Focus Los verbos con partícula: *to go*

Elige la partícula adverbial correcta.

1. We're going _____ for a long weekend on Thursday.
   - A away
   - B through
   - C by

2. What is going _____? There's a lot of noise!
   - A out
   - B on
   - C in

3. Food prices are going _____ but salaries are not.
   - A ahead
   - B to
   - C up

4. We're going _____ because it's a beautiful day for a walk.
   - A in
   - B by
   - C out

5. This is the wrong way. Go _____ to the crossroads and take a right.
   - A off
   - B back
   - C round

Hint Los verbos más frecuentes (**to go**, **to come**, **to take**, etc.) son los que tienen más variantes, según la partícula. Son a los que debes prestar más atención. Y esta es la razón por la que debemos aprender las preposiciones que acompañan a ciertos verbos para introducir el complemento del verbo (**to listen to**, **to rely on**, etc.).

Focus Los adjetivos y adverbios particulares

Elige la palabra adecuada.

1. There's a big difference between _____ teams: one is good!
   - A both
   - B the two
   - C all the two

2. _____ Tom and Richard are waiting in the lounge.
   - A Both of
   - B The two
   - C Both

3. The new law on cybersecurity is _____ necessary and fair.
   - A both
   - B the two
   - C all

4. She is giving a large amount of money to _____ children.
   - A the two her
   - B the two of her
   - C both her

5. The three engineers are _____ very qualified.
   - A both
   - B both of
   - C all

Hint **Both** puede ir seguida de **of** si va delante de un pronombre o un determinante, pero también puede ir sola. Dado que aporta una idea de inclusión, no se utiliza cuando hay diferencias entre las dos cosas o personas comparadas.

Unit 14
BASICS

Answers p. 143

Focus Los adverbios irregulares (continuación)

¿Cuál es el adverbio correcto de estos adjetivos?

1. hard
   - A hardly
   - B hardy
   - C hard

2. fast
   - A fast
   - B fastly
   - C fastely

3. good
   - A goodly
   - B goody
   - C well

4. early
   - A earlily
   - B early
   - C earily

5. long
   - A longingly
   - B longly
   - C long

6. late
   - A lately
   - B latily
   - C late

Focus Vocabulario temático: el turismo / las vacaciones

Elige la traducción correcta. (Puede haber más de una respuesta válida).

1. *de/en vacaciones*
   - A on holiday
   - B in holiday
   - C on vacation

2. *un turista*
   - A a holiday-goer
   - B a holidayist
   - C a holiday-maker

3. *una guía de conversación*
   - A a conversation book
   - B a phrasebook
   - C a talk guide

4. *un viaje organizado*
   - A a package holiday
   - B an organised tour
   - C a staycation

5. *una escala (avión)*
   - A a stage
   - B a layover
   - C a ladder

6. *un alojamiento sin comida*
   A a holiday location B a self-catering holiday C a rental holiday

7. *el bronceado*
   A suntan B sunburn C sunstroke

8. *en el extranjero*
   A to the foreign B to the outside C abroad

9. *un agente de viajes*
   A a traveller B a voyager C a tour operator

10. *el alojamiento*
   A hosting B accommodation C homestay

Verbos

to be in a hurry	*tener prisa*
to begin	*comenzar* (sinónimo de **to start** Unit 4)
to believe	*creer*
to catch	*atrapar, apresar*
to cry	*llorar*
to go away	*partir*
to go back	*volver, regresar*
to go up	*subir, aumentar* (intransitivo)
to hate	*odiar*
to kiss	*besar(se)*
to laugh	*reír* (pronunciado [laf])
to miss	*echar de menos*
to raise	*levantar, subir* (verbo transitivo, no confundir con **to rise**)
to rest	*se reposer*
to rise	*subir, crecer* (verbo intransitivo, no confundir con **to raise**)
to save	*guardar, ahorrar*

Unit 14
VOCABULARY

to split	*dividir*
to stay	*permanecer*
to wait (for)	*esperar* (por algo o a alguien)
to wonder	*preguntarse*

Sustantivos

amount	*cantidad*
beginning	*comienzo*
border	*frontera*
college !	*establecimiento de enseñanza superior, universidad (US)*
couch	*sofá*
crossroads	*cruce, encrucijada* (invariable; lit. «caminos que se cruzan»)
decade	*década*
drive	*trayecto de un viaje* (ver Unit 4)
fortnight (GB) **two weeks** (US)	*quincena*
leap year	*año bisiesto*
sales	*ventas, servicio comercial*
step **step-brother**	*paso, escalón* *hermanastro* (**step-sister**, *hermanastra*; **step-father**, *padrastro*, etc.)
trend	*tendencia*

Adjetivos

fair	*justo* (piensa en **fair play**)
funny	*divertido*
late	*tarde* (ver Unit 1)

Unit 14
ANSWERS

YOUR SCORE:

Basics

PAGES 134-136 – La forma continua de los verbos no defectivos

1 A | 2 B | 3 B | 4 C | 5 C | 6 C | 7 A | 8 C | 9 A | 10 C

1 C | 2 C | 3 A | 4 B | 5 A | 6 C | 7 B | 8 C | 9 B | 10 A

PAGES 136-137 – Los verbos pronominales

1 B | 2 A | 3 B | 4 B | 5 B

1 A | 2 B | 3 C | 4 B | 5 C*

* Atención: **a play**, *una obra de teatro*; **to play**, *jugar*, **a game**, *un juego*.

PAGE 138 – Las expresiones de tiempo

1 B | 2 A* | 3 B | 4 B | 5 C

* **A fortnight** es una contracción de **fourteen nights**, *catorce noches*, es decir, *una quincena*. Este término no se utiliza en inglés americano, se dice simplemente **two weeks**.

PAGES 138-139 – Los verbos con partícula: **to go**

1 A | 2 B | 3 C | 4 C | 5 B

PAGE 139 – Los adjetivos y adverbios particulares

1 B | 2 C | 3 A | 4 C | 5 C

PAGE 140 – Los adverbios irregulares (continuación)

1 C* | 2 A | 3 C | 4 B* | 5 C** | 6 C*

* **Hard**, **early** y **late** son tanto adjetivos como adverbios. No obstante, **hardly** y **lately** significan, respectivamente, *apenas* y *últimamente*.

** **Longingly** es el adverbio formado a partir del sustantivo **a longing**, *un deseo*, *un anhelo*.

Pages 140-141 – Vocabulario temático: el turismo / las vacaciones

1 A y C * | 2 C** | 3 A | 4 A*** | 5 B | 6 B **** | 7 A***** | 8 C | 9 C | 10 B******

* **holiday** GB, **vacation** US

** **vacationer** en inglés US

*** **Staycation** es un neologismo reciente (**to stay**, *quedarse, permanecer* + **vacation**): vacaciones en casa.

**** **to cater**, *proveer comidas*

***** **sunburn**, *quemadura solar*; **sunstroke**, *insolación*

****** **Hosting** es la traducción de *alojamiento* en el contexto de sitios informáticos.

¿Has obtenido entre 0 y 15? Revisa todas las preguntas para repasar los errores que has cometido.
¿Has obtenido entre 16 y 31? No está mal, pero todavía lo puedes hacer mejor.
¿Has obtenido entre 32 y 49? ¡Genial! Analiza los errores y, si es necesario, revisa los conceptos que más dificultades te presentan.
¿Has obtenido 50 o más? You're really very good!

Unit 15
BASICS

Focus Los intensificadores

Answers p. 152

Elige la opción correcta.

1. There's _____ to do, and we have _____ time!
   (A) so much – so little (B) such – such little (C) such – not such

2. My little brother _____ talented that he can walk and talk at the same time...
   (A) is such (B) is so (C) is such a

3. Gary is _____ nice guy. He is always friendly.
   (A) so a (B) such a (C) so

4. It's _____ beautiful evening. Let's go for a walk.
   (A) a such (B) so much (C) such a

5. The Hartnells are _____ people.
   (A) such generous (B) so generous (C) so a generous

6. I'm _____ that I will drink anything, even water!
   (A) so thirsty (B) such thirsty (C) such a thirst

7. I'm having _____ at university, but I don't study very much.
   (A) so a good time (B) such a good time (C) such good a time

8. Don't argue _____. You're making me angry.
   (A) such (B) such much (C) so much

9. "The Hobbit" is _____ book, but I don't like the movies.
   (A) such a great (B) so a great (C) such great

10. They are _____. You're a wonderful photographer.
    (A) so brilliant photographs
    (B) such brilliant photographs
    (C) brilliant such photographs

Hint El orden de las palabras es importante, sobre todo en singular: **such a great**, no **so a great**. Hay fórmulas literarias más complejas, pero para el inglés hablado basta con algunas reglas.

Focus *To get* (continuación)

*Sustituye el verbo en negrita por un equivalente formado con **get**.*

1. – What time do you **awaken** in the morning? – As late as possible.
   (A) get up (B) get on (C) get down
2. When you **board** the plane, please take your seats as quickly as possible.
   (A) get through (B) get off (C) get on
3. Our family always **assembles** for a party every New Year.
   (A) gets by (B) gets together (C) gets around
4. Jason is **recovering from** a bad cold.
   (A) getting back (B) getting over (C) getting in
5. Please call me when you **arrive at** the station.
   (A) get in (B) get at (C) get to

Hint No siempre hay una lógica aparente en la elección de la partícula que sigue a **get**. Por eso debes memorizar los ejemplos más comunes. **Get it?** *(¿Lo entiendes?)*

Focus *Else*

Elige la opción correcta.

1. Nick, Sarah and Bill are all coming to the get-together. _____?
   (A) What else (B) Who else (C) Where else
2. – We're visiting Greece, Spain and Austria on our travels. – _____?
   (A) Where else (B) How else (C) What else
3. – _____ can I do to help you? – Nothing, thanks.
   (A) What else (B) Where else (C) Which else
4. Is there _____ that I need to know?
   (A) anything else (B) anywhere else (C) anybody else
5. I don't have a card. _____ can I pay?
   (A) Why else (B) How else (C) Where else

Unit 15
BASICS

Hint **Else** implica la noción de *otro* o de *otro más*. También existe la palabra compuesta **elsewhere**, *en otra parte*.

Focus Los infinitivos irregulares de *must* y *can*

Elige la opción correcta.

1. We can't afford to go on holiday now. I hope _____ in June.
   - A to be able to go
   - B to can go
   - C can to go
2. I hope I don't _____ long. I'm very tired.
   - A have wait
   - B have to wait
   - C must wait
3. When they finish the course, they want _____ use a computer.
   - A to can use
   - B to be able to
   - C to be able can
4. Do you _____ leave now? It's so early.
   - A must
   - B have
   - C have to

Hint Por definición, los verbos defectivos carecen de algunos tiempos, modos o personas. **Can** y **must** tampoco tienen un infinitivo regular formado con **to**. Así que para este propósito equivalen respectivamente a **to be able to** y **to have to**.

Focus El futuro inmediato: la forma interrogativa

Answers p. 152

Elige la opción correcta.

1. _____ that email? It's important.
   - A When are you going to answer
   - B When you are going to answer
   - C When you go to answer
2. – _____ us move the furniture? – No, they're too tired.
   - A Are they going help
   - B Do they go to help
   - C Are they going to help

3. _____ your meal?

Answers p. 152

A Aren't you going to finish

B Aren't you going finish

C Isn't you going to finish

4. _____ weight if keeps eating so much?

A How he's going to lose

B How is he going to lose

C How he goes to lose

5. _____ watch the match because they don't have enough time.

A They isn't going to

B They aren't going to

C They don't going to

Focus La forma continua (o progresiva)

Elige la opción correcta.

1. – How often _____ your tank with petrol? – Three times a week!

A do you fill B are you filling C you fill

2. Look! Someone _____ the door.

A tries to open B is trying to open C tries to opening

3. The sun _____ in the east and _____ in the west.

A rises – sets B rise – set C is rising – is setting

4. Because of the economic crisis, prices _____ and growth _____.

A rise – falls

B are rising – is falling

C rising – falling

5. We always _____ at my parents' house when we _____ to England.

A staying – coming

B are staying – coming

C stay – come

Unit 15
BASICS

Answers p. 152

1. – What _____? – I'm _____ to go out.
   - (A) are you doing – getting ready
   - (B) do you do – get ready
   - (C) are you doing – get ready

2. It's _____. Let's _____ into the house.
   - (A) starts raining – go
   - (B) starts to rain – going
   - (C) starting to rain – go

3. – When _____ your house? – We're _____ it on the market today.
   - (A) are you selling – put
   - (B) are you selling – putting
   - (C) you selling – putting

4. I _____ the train to Brussels but this time I _____.
   - (A) usually take – 'm fly
   - (B) usually take – 'm flying
   - (C) am usually taking – 'm flying

5. – _____ a lottery ticket? – No, I _____ in miracles.
   - (A) Do you want to buy – don't believe
   - (B) Are you wanting to buy – am not believing
   - (C) Do you want buying – am not believing

Hint El presente simple se usa para una acción habitual, mientras que la forma continua (o progresiva) expresa las acciones que tienen lugar en el momento en el que hablamos o en un futuro cercano (con la excepción de los verbos que no pueden conjugarse así).

Focus El orden de las palabras: la posición del sujeto

Elige la opción correcta.

Answers p. 152

1. Excuse me, can you tell me where _____?
   - A is the Sussex Hotel
   - B the Sussex Hotel is
   - C can be the Sussex Hotel

2. – I don't know how _____ without a television. – Very easily!
   - A people can live
   - B can people live
   - C people are living

3. This isn't my house, so I'm not sure _____.
   - A where is the toilet
   - B where the toilet is
   - C where be the toilet

4. Call the airline and ask them _____.
   - A what time does open the check-in
   - B what time opens the check-in
   - C what time the check-in opens

5. I admire the efforts _____ in terms of recycling.
   - A that makes the company
   - B that is making the company
   - C that the company is making

Hint En algunos casos, para enfatizar o aclarar, el sujeto se coloca delante del verbo, especialmente en oraciones precedidas de **where**, **what**, **how**, etc. **No, where our parents go is to the museum, no to the theatre**. *No, donde nuestros van es al museo, no al teatro.*

Focus Inclusión / Exclusión (continuación)

Elige la opción correcta.

1. – The cake is delicious but I'm full! – _____!
   - A So do I
   - B So am I
   - C I so am

2. – Alvin likes to cook, but what about his girlfriend? – _____.
   - A So does she
   - B So she does
   - C She so

3. – They don't want to rent their house to a stranger. – _____.
   (A) Neither do we   (B) Neither we   (C) Neither we want

4. – We're going to complain to the manager. – _____.
   (A) And are they   (B) So they are   (C) So are they

5. – I honestly can't stand selfies. – _____.
   (A) Neither can I   (B) So can't I   (C) So do I

Hint Recordemos que la expresión **Me too** (Unit 10) solo se utiliza en la primera persona del singular.

Focus Vocabulario temático: la casa

Elige la traducción correcta. (Puede haber dos respuestas válidas).

1. *la planta baja*
   (A) the ground floor   (B) the first floor   (C) the entrance

2. *el comedor*
   (A) the dining room   (B) the eating room   (C) the supper room

3. *una chimenea*
   (A) a chimney   (B) a furnace   (C) a fireplace

4. *un edificio*
   (A) a building   (B) a block of flats   (C) a tower block

5. *el cuarto de baño*
   (A) the toilet   (B) the bathroom   (C) the water room

6. *una persiana*
   (A) a shop   (B) a blind   (C) a window

7. *el salón*
   (A) the living room   (B) the study   (C) the saloon

8. *el suelo*
   (A) the plank   (B) the floor   (C) the door

9. *la habitación de invitados*
   (A) the friendly room   (B) the friends' room   (C) the guest room

10. *una cristalera*

A window door B a French window C a door window

Verbos

to be able to	*poder* (forma infinitiva de **can**)
to have to	*deber* (forma infinitiva de **must**)

to afford	*permitirse, estar al alcance*
to fill	*llenar*
to get on*	*subirse, montarse*
to get over*	*recuperarse*
to get ready*	*prepararse*
to get together*	*reunirse*
to grow	*aumentar, crecer*
to lose	*perder*
to set	*tumbarse* (sol)

* Estos verbos con preposición son sobre todo coloquiales.

Adverbios, pronombres, etc.

else	*otro(s)*
elsewhere	*en otro lugar*

Sustantivos

furniture	*muebles*
growth	*crecimiento*
stranger	*extraño* (persona a la que no se conoce; ≠ **foreigner**, persona de otra nacionalidad)

Adjetivos

friendly	*amable*, *amigable* (**a friendly match**, *un partido amistoso*)
wonderful	*maravilloso*

Unit 15
ANSWERS

YOUR SCORE:

Basics

PAGE 144 – Los intensificadores
1 A | 2 B | 3 B | 4 C | 5 A | 6 A | 7 B | 8 C | 9 A | 10 B

PAGE 145 – **To get** (continuación)
1 A | 2 C* | 3 B | 4 B | 5 C
* **to get off a plane**, *bajar de un avión*

PAGE 145 – **Else**
1 B | 2 A | 3 A | 4 A | 5 B

PAGE 146 – Los infinitivos irregulares de **must** y **can**
1 A | 2 B | 3 B | 4 C

PAGES 146-147 – El futuro inmediato: la forma interrogativa
1 A | 2 C | 3 A | 4 B | 5 B

PAGES 147-148 – La forma continua (o progresiva)
1 A | 2 B | 3 A | 4 B | 5 C
1 A | 2 C | 3 B | 4 B* | 5 A
* Los adverbios como **normally**, **usually**, etc., indican una costumbre y, por tanto, rige la forma simple del verbo.

PAGE 149 – El orden de las palabras: la posición del sujeto
1 B | 2 A | 3 B | 4 C | 5 C

PAGES 149-150 – Inclusión / Exclusión (continuación)
1 B | 2 A | 3 A | 4 C | 5 A

PAGES 150-151 – Vocabulario temático: la casa
1 A y B* | 2 A | 3 A y C | 4 B y C** | 5 A y B | 6 B | 7 A | 8 B | 9 C | 10 B
* En Estados Unidos, la planta baja se cuenta como el primer piso de un edificio, a diferencia de Gran Bretaña.
** **A building**: se aplica a cualquier edificio.

0 - 15 ¡Repasa!; **16 - 31** ¡Bien!; **32 - 47** ¡Estupendo!; **48 y más** You're really very good!

Focus Los verbos seguidos de gerundio

Elige la opción correcta.

1. I _____ my neighbours because they are very unpleasant.
   A avoiding to talk B avoid talking to C avoiding talking to
2. We really hope _____ in the near future.
   A seeing you B to see you C see you
3. We really _____ to your friends. They're very nice.
   A enjoying talking B enjoying to talk C enjoy talking
4. I hate _____. It's so stressful.
   A to move house B moving house C to moving house
5. They really must stop _____. It's so bad for them.
   A smoking B to smoke C and smoke

Hint En ciertas combinaciones de verbos, especialmente con **to like**, el segundo elemento puede ser, en algunos casos, un gerundio o un infinitivo. En otros casos, cambia el significado (**I stop smoking**, *dejo de fumar* frente a **I stop to smoke**, *paro para fumar*). Así pues, comienza por aprender las construcciones donde el gerundio es obligatorio (**to keep** + **-ing**, **to enjoy** + **-ing**, etc.).

1. The market closes in ten minutes and I can't _____.
   A to risk to be late B risk being late C risk to being late
2. We don't want _____ but you never help around the house.
   A to complain B complaining C to make complain
3. If you _____, you become more confident.
   A keeping to try B keep to try C keep trying
4. Tell me when you _____ your house. I can help.
   A deciding to decorate
   B decide decorating
   C decide to decorate
5. When you _____ the walls, can you help me in the bathroom?
   A finish painting B finishing to paint C finish to paint

Answers p. 161

Unit 16
BASICS

Focus Los pronombres reflexivos (continuación)

Elige la opción correcta.

1. Nora is teaching _____ to write computer code.
   - A her
   - B herself
   - C Ø
2. The town is re-inventing _____ to attract more tourists.
   - A it
   - B itself
   - C themselves
3. We find _____ in a difficult position because of his comments to the media.
   - A us
   - B ourselves
   - C Ø
4. – Can I borrow your paper? – I'm sorry, but I'm reading it _____.
   - A myself
   - B me
   - C by myself
5. You say _____ that you spend too much money, Jeff.
   - A yourselves
   - B you
   - C yourself

Hint Es importante distinguir los verbos recíprocos de los verbos reflexivos porque algunos de estos últimos no se conjugan con un pronombre en inglés. Hay otros cuyo significado varía con o sin pronombre (**to wake**, *despertarse*; **to wake someone**, *despertar a alguien*). Ver también Unit 13.

Seguimos.

1. Can you wake _____ tomorrow? I don't have an alarm clock.
   - A yourselves up
   - B you up
   - C Ø
2. No worries. We always get _____ at dawn, even in winter.
   - A ourselves up
   - B us up
   - C up
3. I don't need your help. I can dress _____, thank you.
   - A myself
   - B me
   - C Ø

4. Every week day, I _____ and leave the house before breakfast.
   - A wash myself, dress myself
   - B wash, dress
   - C am washing, and dressing

Answers p. 161

5. I'm sure the problem will solve _____ eventually.
   - A itself
   - B by itself
   - C Ø

Focus Los prefijos negativos

Elige la opción correcta.

1. His explanations are very _____. Ask him to repeat.
   - A disclear
   - B unclear
   - C not clear
2. We strongly _____ with the government's social policies.
   - A disagree
   - B unagree
   - C not agreed
3. Many people in big cities are _____ to tourists.
   - A unnice
   - B disnice
   - C not nice
4. I don't like this sculptor's art because it's _____.
   - A unoriginal
   - B disoriginal
   - C originless
5. The referee is going to _____ the second goal.
   - A disallow
   - B unallow
   - C not allow
6. Her clothes are very _____.
   - A unmodern
   - B dismodern
   - C old-fashioned
7. I'm very _____ with her choice of career.
   - A unhappy
   - B dishappy
   - C not happy
8. We apologise for our colleague's _____ comments.
   - A unpolite
   - B impolite
   - C dispolite
9. The bridge is _____ for heavy trucks.
   - A unsafe
   - B dissafe
   - C disafe
10. I _____ being the centre of attention because I'm very shy.
    - A unlike
    - B dislike
    - C delike

Unit 16
BASICS

Hint El prefijo **dis-** corresponde más o menos a *des-* o *dis-* en español (**please**, **displease**: *agradar*, *desagradar*), mientras que **un-** es el equivalente a nuestro *im-* o *in-*. No obstante, no todos los verbos ni los adjetivos utilizan estos prefijos.

Focus Expresiones y fórmulas de cortesía

Elige la opción correcta.

1. _____ could have a word with you?
   - (A) I wonder that I
   - (B) I wonder if I
   - (C) I wonderful
2. _____ opening the window? It's hot in here.
   - (A) Would you mind
   - (B) Can you mind
   - (C) Would you think
3. _____ help you?
   - (A) How can I
   - (B) Who can
   - (C) Why can I
4. _____ your bathroom?
   - (A) Can I to use
   - (B) May I use
   - (C) May I have
5. _____ bother you, but your son is on the line.
   - (A) I apologise to
   - (B) I'm sorry to
   - (C) I regret

Hint Como en español, el condicional (**could**, **would**) se usa a menudo en expresiones de cortesía, especialmente cuando se hace una pregunta. Ten en cuenta que la letra **l** no se pronuncia: [cuud], [uud].

1. _____ give me twenty thousand dollars in cash?
   - (A) Do you could
   - (B) Do you think that you could
   - (C) Do you want that I could
2. Ladies and gentlemen, _____ your attention?
   - (A) could I please to have
   - (B) could I please
   - (C) could I please have

Answers p. 161

3. _____ for me to use your phone?
   - **A** Can it be possible
   - **B** Would it be possible
   - **C** Is it be possible

4. _____ your email address?
   - **A** Can I have please
   - **B** Could I please have
   - **C** Could please I have

5. _____ if I open this box of cookies?
   - **A** Do you bother
   - **B** Do I bother you
   - **C** Does it bother you

Focus Los falsos amigos (continuación)

Elige la palabra adecuada.

1. My skin is very _____ to the sun.
   - **A** sunburn
   - **B** sensitive
   - **C** sensible

2. Our Congressman is _____ punk rocker.
   - **A** an ancient
   - **B** a former
   - **C** an antique

3. The story has a good _____.
   - **A** final
   - **B** plot
   - **C** argument

4. A huge crowd is _____ the wedding tomorrow.
   - **A** attending
   - **B** assisting at
   - **C** waiting at

5. Please, put the cake in the _____.
   - **A** horn
   - **B** hornet
   - **C** oven

6. The old house is _____. No one lives there now.
   - **A** uninhabited
   - **B** inhabited
   - **C** not habited

7. Oxford really wants to win the boat _____ against Cambridge this year.
   - **A** race
   - **B** competence
   - **C** run

8. The new menu in this fine-dining restaurant is a _____.
   - **A** deception
   - **B** deceit
   - **C** disappointment

9. What a _____ day! Grey skies, rain and wind!
   - **A** poor
   - **B** miserable
   - **C** deprived

Answers p. 161

10. I hope you _____ your driving test this time. Not like last time!
   A make   B pass   C approve

Hint Un error muy común es la confusión de **to take an exam** (*hacer / pasar un examen*) y **to pass an exam** (*aprobar un examen*). ¡La diferencia puede ser muy **disappointing** !

Focus Vocabulario temático: los transportes

Elige la traducción correcta. (Puede haber varias respuestas válidas).

1. *ir de casa al trabajo*
   A to transit   B to commute   C to transport
2. *la hora punta*
   A rush hour   B push hour   C point hour
3. *una tarifa*
   A a fair   B a fare   C a price
4. *un atasco*
   A a vehicle mix   B a car preserve   C a traffic jam
5. *hacer autoestop*
   A to make autostop   B to hitchhike   C to ask stop
6. *un autocar*
   A a bus   B a coach   C a caravan
7. *el metro*
   A the subway   B the underground   C the tube
8. *una carretera de circunvalación*
   A a ring road   B a rang road   C a beltway
9. *una parada de taxis*
   A a taxi park   B a taxi station   C a taxi rank
10. *un abono de transporte*
   A a transport ticket   B a transport pass   C a season ticket

Unit 16
VOCABULARY

Verbos

to agree **to disagree**	*estar de acuerdo* *no estar de acuerdo*
to allow **to disallow**	*permitir, dar permiso* *rechazar, desaprobar*
to approve ✋!	*estar de acuerdo*
to assist ✋!	*ayudar, asistir*
to attend ✋!	*asistir a, ir a*
to bother	*molestar, fastidiar*
to dislike	*desagradar, no gustar*
to keep **to keep** (seguido de un gerundio)	*guardar, conservar* *seguir* (+ gerundio)
to smoke	*fumar*
could	*forma de* **can** *en condicional*

Sustantivos

antique	*antigüedad*
argument ✋!	*discusión*
competence ✋!	*aptitud*
cookie (US) **biscuit** (GB)	*galleta*
crowd	*multitud, muchedumbre*
dawn	*amanecer*
deceit	*engaño, mentira*
deception ✋!	*engaño*
disappointment	*decepción*

Unit 16
VOCABULARY

horn !	*cuerno*
oven	*horno*
paper **(news)paper**	*papel* *periodico*
plot	*argumento*
policy ! **politics** (sing.)	*política* (línea de acción) *política* (gobierno)
referee	*árbitro*
risk	*riesgo*
smoke	*humo*
wedding	*boda*

Adjetivos

ancient	*antiguo, viejo*
former	*anterior, antiguo*
inhabited ! **uninhabited**	*habitado* *deshabitado, vacío*
miserable !	*triste, deprimido*
original **unoriginal**	*original* *poco original, sin originalidad*
pleasant **unpleasant**	*agradable, placentero* *desagradable*
polite **impolite**	*educado, respetuoso* *maleducado, descortés*
safe **unsafe**	*seguro* *inseguro, peligroso*
sensible !	*sensato*
sensitive !	*sensible*
shy	*tímido*

Unit 16
ANSWERS

YOUR SCORE:

Basics

PAGE 153 – Los verbos seguidos de gerundio

1 B | 2 B | 3 C | 4 B | 5 A

1 B | 2 A | 3 C | 4 C | 5 A

PAGES 154-155 – Los pronombres reflexivos (continuación)

1 B | 2 B | 3 B | 4 A | 5 C

1 A | 2 C | 3 A | 4 B | 5 A

PAGE 155 – Los prefijos negativos

1 B | 2 A | 3 C | 4 A | 5 A | 6 C | 7 A | 8 B | 9 A | 10* B

* **To unlike** es un neologismo reciente, utilizado únicamente en el contexto de las redes sociales.

PAGES 156-157 – Expresiones y fórmulas de cortesía

1 B | 2 A | 3 A | 4 B | 5 B

1 B | 2 C | 3 B | 4 B | 5 C

PAGES 157-158 – Los falsos amigos (continuación)

1 B | 2 B | 3 B | 4 A | 5 C | 6 A* | 7 A | 8 C | 9 B | 10 B

* Falso amigo: **inhabited**, *habitado*.

PAGE 158 – Vocabulario temático: los transportes

1 B | 2 A | 3 B | 4 C* | 5 B | 6 A y B** | 7 A B y C*** | 8 A y C**** |
9 C | 10 B

* **A jam** significa *una mermelada*, pero el término **traffic jam** viene del verbo **to jam**, *atascar*.

** a) = US; b) = GB

*** No existe una palabra genérica: a) se usa sobre todo en EE. UU.; b) y c) son los dos nombres usados para el metro londinense. (En otras ciudades, la red se llama **the metro**)

**** a) = GB; c) = US

¿Has obtenido entre 0 y 15? Revisa todas las preguntas para repasar los errores que has cometido.
¿Has obtenido entre 16 y 31? No está mal, pero todavía lo puedes hacer mejor.
¿Has obtenido entre 32 y 49? ¡Genial! Analiza los errores y, si es necesario, revisa los conceptos que más dificultades te presentan.
¿Has obtenido 50 o más? You're really very good!

Unit 17
BASICS

Focus El pasado simple de los auxiliares

*Elige la forma correcta en pasado de **to be** y **to have**.*

1. I _____ a very strange dream last night!
   A were B was C had

2. I'm sorry about your presents: the delivery _____ late.
   A was B were C had

3. I _____ my passport this morning in my pocket but now I can't find it.
   A has B had C have

4. When I _____ twenty, I _____ very interested in business.
   A was – was B were – was C was – had

5. We _____ in a club last night and it _____ very hot.
   A had – was B was – were C were – was

6. Dave and Richard _____ my best friends when we _____ at school.
   A was – was B were – were C was – were

7. It _____ very late and we _____ both very tired.
   A were – was B was – were C were – were

8. I'm so glad to see you. I _____ no idea that you _____ here!
   A had – was B have – were C had – were

9. They _____ so busy that they _____ no time to see their grandchildren.
   A was – were B were – had C had – had

10. – I _____ moved by the singing. – Yes, it _____ the same effect on me.
    A had – was B was – had C was – was

Hint Cuando se habla a una velocidad normal, la vocal «a» de **was** se convierte en una «o» abierta y la «s» se pronuncia sibilante: [woss].

Focus La forma negativa en pasado simple de *to be*

Elige la opción correcta. (Puede haber dos respuestas válidas).

1. The movie director _____ with the sound or the lighting.
   A wasn't happy B hasn't happy C was not happy

2. They _____ ready on time so we waited for them.
   A wasn't B weren't C was not

3. You _____ good-looking when you were young!
   A wasn't B weren't C were not

4. I'm sorry about the accident, but it _____ my fault.
   A were not B weren't C wasn't

5. We _____ if Delania was the right woman for the job.
   A we'rent sure B were not sure C was not sure

*Ahora, completa estas frases con **to have** en la forma negativa. (Puede haber más de una respuesta válida).*

1. I'm from Boston, so I _____ many friends on the West Coast.
   A don't have B haven't got C have not

2. The new motorway _____ yet.
   A has not opened
   B doesn't have opened
   C do not has opened

Answers p. 171

3. They are unhappy because they _____ an answer to their questions.
   A do not have received
   B have not received
   C do not received

4. Sarah _____ her driver's licence with her.
   A hasn't got B don't has C doesn't have

5. They _____ a holiday for at least a year.
   A do not have B have not had C haven't have

Unit 17
BASICS

Hint Cuando **to have** hace de auxiliar, la negación es igual que con **to be** (**not** detrás del verbo). Sin embargo, cuando es un verbo propio (*haber*, *tener*, etc.), se comporta como otros verbos (**do** + **not**).

Focus La forma interrogativa de *to have*

Elige la opción correcta.

1. – Where _____ to go today? – He's having lunch with me.
   - A has Joe
   - B does Joe have
   - C Joe has

2. _____ for a quick coffee before you leave?
   - A Have do you ten minutes
   - B Do you have ten minutes
   - C Do you has ten minutes

Answers p. 171

3. Graham works so hard. When _____ for his kids?
   - A he has time
   - B does he has time
   - C does he have time

4. _____ enough petrol for the journey?
   - A Do we have
   - B Have we
   - C Do we has

5. _____ so many cats?
   - A Why have they
   - B Why do they have
   - C Why they have

Hint Hay que memorizar que **to have** es a la vez un verbo (*tener*, *haber*), un auxiliar utilizado para formar los pasados compuestos y, con **to**, el verbo *tener que, estar obligado a* (**to have to**, el infinitivo de **must**).

Aquí tienes otra serie:

1. – _____ the time? – No, I don't have a watch.
   - (A) Have you
   - (B) Do you have
   - (C) Does you has

2. – _____ your check-up at the hospital? – Tomorrow.
   - (A) When you have
   - (B) When have you
   - (C) When do you have

Answers p. 171

3. _____ good ideas for a Halloween costume?
   - (A) Has he
   - (B) Does he have any
   - (C) Is he having some

4. – _____ for a refund? – Write to the manager.
   - (A) How do you ask
   - (B) How you ask
   - (C) How you do ask

5. _____ be at the airport?
   - (A) What time we have to
   - (B) What time do we have to
   - (C) What time we must

Focus El pasado simple afirmativo (verbos regulares)

Elige la opción correcta. (Puede haber más de una respuesta válida).

1. Yesterday, we _____ a room in a nice hotel in Wales.
   - (A) book
   - (B) booked
   - (C) boocked

2. We _____ for an hour before he arrived.
   - (A) waited
   - (B) waiting
   - (C) wanted

3. It's too late. The pharmacy _____ at five o'clock.
   - (A) clothed
   - (B) closed
   - (C) close

4. She _____ her suitcase last night, even though she doesn't leave until tomorrow.
   - A packet
   - B packed
   - C parked

5. Sandra _____ to call her first child Marianne.
   - A decide
   - B deceded
   - C decided

Hint Un puñado de verbos regulares, como **to learn**, tienen dos terminaciones en el pasado simple: **-ed** y **-t**. Entre ellos están **to burn**, *quemar*, **to dream**, *soñar* y **to kneel**, *arrodillarse*. Ambas formas (**learned/learnt**, **burned/burnt**, etc.) son válidas, pero la terminación en **-t** es sobre todo británica.

Seguimos.

1. They _____ to open the door but it was locked.
   - A trod
   - B tryed
   - C tried

2. Thank you, I really _____ meeting your family.
   - A enjoy
   - B enjoyed
   - C enjoied

3. The president _____ that the country _____ in a crisis.
   - A sad – was
   - B sayed – were
   - C said – was

4. B&Bs are expensive. We _____ two hundred pounds for two nights.
   - A payed
   - B paid
   - C payd

5. I _____ Arabic when I was at university.
   - A learnt
   - B learned
   - C learnid

Focus — Las palabras compuestas con *-body* y *-thing* (*somebody*, *anybody*, *nothing*, etc.) (continuación)

Elige la opción correcta. (Puede haber más de una respuesta válida).

1. She says that she _____ for her birthday.
   - A doesn't want nothing
   - B doesn't want anything
   - C does want anything

Answers p. 171

2. I _____ from you. I want you to go.
   - **A** want nothing
   - **B** don't want nothing
   - **C** want anything

Answers p. 171

3. You know what they say: _____.
   - **A** anyone is perfect
   - **B** anybody is not perfect
   - **C** nobody is perfect.

4. He's not in the office because I _____ on his desk.
   - **A** can't see anything
   - **B** can't see nothing
   - **C** can't not see anything

5. _____ that Liverpool is a good place to live.
   - **A** No one cannot tell
   - **B** Nobody can't tell you
   - **C** Anybody can tell you

Hint La regla general es siempre la misma: nunca hay una doble negación en inglés. Por lo tanto, si el verbo lleva la negación, el siguiente pronombre comenzará con **any-** mientras que si el verbo es afirmativo, el pronombre estará en forma negativa (**no-**). Finalmente, **no one** (*nadie*) también se puede escribir con un guión (**no-one**) pero nunca en una sola palabra.

Continuamos.

1. I _____ in Cardiff. This is my first visit.
   - **A** know nobody
   - **B** don't know anybody
   - **C** don't know nobody

2. The situation is dangerous. _____ in the next half-hour.
   - **A** Anybody could happen
   - **B** No thing could happen
   - **C** Anything could happen

3. I _____ who voted Green in the last election.

Answers p. 171

- A don't know nobody
- B don't know anybody
- C know nobody

4. _____ interested in visiting a place where it rains all year round!

- A No one is
- B Nobody is
- C Anybody is

5. It's a bad place for a holiday: there is _____ to go and _____ to talk to.

- A somewhere – nobody
- B nowhere – nobody
- C nowhere – anybody

Focus Vocabulario temático: la educación

Elige la traducción correcta. (Puede haber dos respuestas válidas).

1. *un programa educativo*

- A a syllabub
- B a syllabus
- C a programme of teaching

2. *un conferenciante*

A a lecturer — B a lecture — C a conferencer

3. *un estudiante en prácticas*

A an intern — B a stage manager — C a trainee

4. *un ensayo, una redacción*

A a composer — B an essay — C a trial

5. *una licenciatura*

A a licence — B a degree — C a diploma

6. *los deberes*
   - **A** housework
   - **B** homework
   - **C** duties

7. *el cuerpo docente (universitario)*
   - **A** the teaching body
   - **B** the masters
   - **C** the faculty

8. *una asignatura*
   - **A** a matter
   - **B** a topic
   - **C** a subject

9. *la formación profesional*
   - **A** professional formation
   - **B** professional education
   - **C** vocational training

Answers p. 171

10. *una escuela pública*
    - **A** a state school
    - **B** a public school
    - **C** a high school

Hint Como las diferencias entre los distintos sistemas educativos, sobre todo en primaria y secundaria, son muchas, el vocabulario que figura aquí solo trata los elementos básicos.

Unit 17
VOCABULARY

Verbos

to book	*reservar* (sinónimo: **to reserve**)
to dream	*soñar*
to happen	*ocurrir, pasar*
to kneel	*arrodillarse* (piensa en **knee**, *rodilla*)
to learn	*aprender*
to pack	*empaquetar, hacer las maletas*

Sustantivos

delivery	*entrega*
desk	*escritorio*
fault	*falta, culpa* (no confundir con **mistake**)
journey	*trayecto, viaje*
kid	*niño(a)* (fam.), *cabrito(a)* (significado literal)
lock	*cerradura*
motorway (GB) **highway** (US)	*autopista*
refund	*reintegro, reembolso*
sound	*sonido*
visit	*visita*

Adjetivos

glad	*contento*
good-looking	*atractivo, bien parecido*
last	*último*
strange	*extraño*

Unit 17
ANSWERS

YOUR SCORE:

Basics

PAGE 162 – El pasado simple de los auxiliares

1 C | 2 A | 3 B | 4 A | 5 C | 6 B | 7 B | 8 C | 9 B | 10 B

PAGE 163 – La forma negativa en pasado simple de **to be** y **to have**

1 A y C | 2 B | 3 B y C | 4 C | 5 B

1 A y B | 2 A | 3 B | 4 A y C | 5 B

PAGES 164-165 – La forma interrogativa de **to have**

1 B | 2 B | 3 C | 4 A | 5 B

1 B | 2 C | 3 B | 4 A | 5 B

PAGES 165-166 – El pasado simple afirmativo (verbos regulares)

1 B | 2 A | 3 B | 4 B | 5 C

1 C | 2 B | 3 C | 4 B | 5 A y B

PAGES 166-168 – Las palabras compuestas con **-body** y **-thing** (**somebody**, **anybody**, **nothing**, etc.) (continuación)

1 B | 2 A | 3 C | 4 A | 5 C

1 A y C | 2 C | 3* B y C | 4 A y B | 5 B

* Nunca hay dos negaciones juntas (**no**), así que: **I do not know anybody** o **I know nobody** se traducen ambas por *No conozco a nadie*.

PAGES 168-169 – Vocabulario temático: la educación

1 B* | 2 A | 3 A y C | 4 B | 5 B | 6 B** | 7 C | 8 C | 9 C | 10 A y B ***

* **A syllabus**, palabra de origen griego, que representa los diferentes elementos que conforman un programa educativo, mientras que **a syllabub** es *un sabayón* (postre de natillas con vino).

** **Duties**, *los deberes* en términos de obligación (morales, legales, etc.).

*** En Gran Bretaña, **a state school** es una escuela pública, mientras que **a public school** es una escuela independiente y selectiva, bastante prestigiosa. En Estados Unidos, este último término se refiere a una escuela administrada y financiada por una autoridad gubernamental, que brinda educación gratuita a estudiantes de primaria y secundaria.

¿Has obtenido entre 0 y 15? Revisa todas las preguntas para repasar los errores que has cometido.
¿Has obtenido entre 16 y 31? No está mal, pero todavía lo puedes hacer mejor.
¿Has obtenido entre 32 y 49? ¡Genial! Analiza los errores y, si es necesario, revisa los conceptos que más dificultades te presentan.
¿Has obtenido 50 o más? You're really very good!

Unit 18
BASICS

Focus Los verbos irregulares en pasado

Answers p. 180

Conjuga los verbos entre paréntesis en pasado simple afirmativo.

1. The first time that I (to make) a fruit cake, it was a disaster.
   (A) maked (B) made (C) maid

2. I tried their suggestion and (to find) that it was very helpful.
   (A) found (B) fund (C) fined

3. Gina (to sit) next to her husband on the sofa.
   (A) sit (B) sat (C) seat

4. She (to tell) us about an annual festival in Saint Ives.
   (A) took (B) take (C) told

5. I want to know how he (to become) so wealthy.
   (A) become (B) became (C) bewent

6. I (to hear) about the start-up from Jonathan, who knows the founder.
   (A) herd (B) heard (C) horde

7. After work, she cooked supper and (to lay) the table.
   (A) layed (B) laid (C) lain

8. Look what I (to find) in my pocket: a twenty pound note!
   (A) fond (B) fold (C) found

9. – How old were you when you (to leave) home? – I was very young indeed!
   (A) leave (B) lave (C) left

10. They (to sell) all their furniture and moved into a studio flat.
    (A) sale (B) sold (C) soled

Hint Ten cuidado con las palabras que tienen el mismo sonido pero ortografía diferente, por ejemplo, **heard** (pasado de **to hear**) y **herd** (*un rebaño*) o incluso **made** (pasado de **to make**) y **maid** (*asistenta, criada*). Toma nota de estas palabras homófonas para evitar cualquier posibilidad de error, incluso si el contexto puede facilitar la comprensión.

Focus Los verbos irregulares en pasado (continuación)

Conjuga los verbos entre paréntesis en pasado simple afirmativo.

1. My roommate is extravagant: she (to spend) two hundred pounds on a scarf.
   A spend B spent C spin

2. After the long car journey, the children (to feel) a little sick.
   A felt B fold C feelt

3. My ex (to send) me a birthday card this year.
   A send B scent C sent

4. According to the agreement, the lawyers (to keep) half of the profit.
   A keeped B kept C keep

5. My teacher (to lend) me this book because of my love of jazz.
   A leaned B lent C lend

6. He must be exhausted: he (to sleep) until eleven o'clock.
   A slept B slapped C sleeped

7. Sir Christopher Wren (to build) the tower of Christ Church College in Oxford.
   A build B billed C built

8. I (to meet) Harry at the gym last night. He looked very well.
   A met B meat C meet

9. The plastic cover can be (to bend) or folded easily.
   A bent B bend C bint

10. At the weekend, I (to sweep) the floors and washed all the windows.
    A sweept B swept C swapped

Hint Por definición, los verbos irregulares no forman su pasado simple ni su participio pasado como la mayoría de los verbos. No obstante, pueden tener cierta «regularidad» (por ejemplo, algunos cambian la **-d** final por **-t**, o incluso el sonido [ee/ea] a [e]), lo que permite aprenderlos más fácilmente en grupos pequeños.

Unit 18
BASICS

Focus Verbos relacionados con la palabra: *say*, *speak*, *talk*, *tell*

Elige la opción correcta. (Puede haber dos respuestas válidas).

1. Please _____ me what I have to do.
   A tell B say C talk

2. They _____ that they were not sure about going abroad next year.
   A talked B told C said

3. We want _____ your supervisor about your attitude.
   A to speak to B to talk to C to say to

4. Jade _____ Gaelic because she lived in Ireland for some time.
   A talks B speaks C tells

5. _____, I'm not sure what happened.
   A To say the truth B To tell the truth C To talk the truth

Hint Estos cuatro verbos son similares, pero a la vez tienen diferencias importantes, especialmente entre **to tell** y **to say**. El primero se usa para informar o dar instrucciones; va seguido de un complemento de persona que especifica a quién nos dirigimos. El segundo se aplica a todas las declaraciones y presenta lo que se dice, sin especificar necesariamente el interlocutor.

1. What _____? I'm very sorry that I made a mistake.
   A can I say B can I tell C can I speak

2. He _____ and can't keep a secret.
   A talks too much B tells too much C speaks too much

3. Alice _____ hello to everyone when she came into the canteen.
   A told B said C spoke

4. We _____ about our trip to Florida.
   A talked a lot B told a lot C spoke a lot

5. _____ to turn on the microphone. I can't hear what they're _____.
   A Say them – telling B Tell them – telling C Tell them – saying

Focus Los atenuadores

Answers p. 180

Elige la opción correcta.

1. Marvin did _____ in the test, but he's still worried about the results.
   (A) pretty well (B) pretty good (C) pretty goodly

2. – What do you think of my essay, sir? – _____, son. Not perfect, but _____.
   (A) Pretty well – pretty well
   (B) Pretty good – pretty good
   (C) Pretty well – pretty good

3. – Can I talk to you? – I'm _____ at the moment. Come back in an hour.
   (A) over-busy (B) rather busy (C) hardly busy

4. The walk to the top floor is _____, but the view is fantastic.
   (A) fair difficult (B) fairly difficult (C) fare difficult

5. Julia fell on the stairs and injured her leg _____.
   (A) quite badly (B) quite bad (C) quiet badly

6. – How's the injury? – _____, but she doesn't need an operation.
   (A) Quite bad (B) Quite badly (C) Quite rather bad

Hint No confundas **good** (*bueno*) y **bad** (*malo*), que son adjetivos, con los adverbios **well** (*bien*) y **badly** (*mal*), aunque algunos angloparlantes puedan cometer este error. En cuanto a los atenuadores, en teoría existe una diferencia de grado entre **quite**, **rather** y **fairly**, pero en la práctica son sinónimos. Por último, **pretty** tiene dos significados: *bastante* y *bonito*.

Focus El «espanglish»

Elige la palabra inglesa correcta que corresponden al término «espanglish» entre paréntesis.

1. John is (*zapping*) to look for a film.
   (A) channel-hopping (B) channel-skipping (C) channel-jumping

2. I can't go to the reception: I don't have a *(smoking)*.
   (A) dinner suit (B) dinner vest (C) smoking jacket

3. We spent the weekend in a *(camping)*.

A campament B campsite C camper

4. Turn on the *(warnings)* and go to this store.

A warning-lights B hazard-lights C danger-lights

5. My brother is a *(crack)*. He is very good at football.

A monster B star C fool

Hint ¡Debes tener mucho cuidado con estas palabras supuestamente inglesas porque, aunque parecen reales, son difíciles de entender para los angloparlantes! Cuando encuentres un término de este tipo (por ejemplo, **playback**), debes verificarlo siempre con un buen diccionario.

Focus Los pronombres relativos (continuación)

Elige la opción correcta. (Puede haber más de una respuesta válida).

1. The trousers _____ I wanted to buy were too expensive.

A which B what C that

2. Lucky Hector! He married the woman _____ founded the firm.

A which B who C that

3. Here's the prescription _____ the doctor gave me.

A which B that C who

4. Anyone _____ wants to take part in the race must put their name on the list.

A who B that C which

5. Tell me if there is anything _____ you don't understand.

A whose B which C what

Hint **Who** y **which** pueden ser reemplazados por **that** en un registro menos formal o en el lenguaje cotidiano. Además, se puede, aunque no es obligatorio, omitir **that** cuando es el complemento de una oración restrictiva. Por ejemplo: **The prescription that the doctor gave me**. Sin embargo, **whose** nunca se puede omitir.

1. The only thing _____ is importan is your health.
   (A) that (B) which (C) who

2. Curran is the woman _____ invention won a Nobel Prize.
   (A) who (B) whose (C) that

3. He's famous for a book _____ he wrote when he was out of work.
   (A) which (B) whose (C) what

4. The people _____ live in that tower block are very brave!
   (A) who (B) that (C) whose

5. I like people _____ tastes are similar to mine.
   (A) which (B) whose (C) that

Focus Vocabulario temático: el trabajo y el empleo

Elige la traducción correcta. (Puede haber más de una respuesta válida).

1. *un empleado*
   (A) an employer (B) an employee (C) an employment

2. *las horas extra*
   (A) extra time
   (B) supplementary hours
   (C) overtime

Answers p. 180

3. *un sindicato*
   (A) a syndicate (B) a union (C) a trade union

4. *estar en huelga*
   (A) to go on strike (B) to grieve (C) to be out of work

5. *un directivo*
   (A) a direction (B) an executive (C) a foreman

6. *una fábrica*
   (A) a factory (B) a plant (C) a fabric

7. *jubilarse*
   - (A) to retreat
   - (B) to retire
   - (C) to leave retirement

8. *una sociedad*
   - (A) a company
   - (B) a firm
   - (C) a corporation

9. *un funcionario*
   - (A) a functionary
   - (B) a civilian
   - (C) a civil servant

10. *un curriculum vitae*
    - (A) a resumé
    - (B) a CV
    - (C) a curriculum

Verbos

to be out of work	*estar en paro* (lit. «sin trabajo»)
to exhaust	*agotar(se), cansar(se)*
to fold	*doblar(se), plegar(se)*
to found	*fundar* **Nota:** No confundir con **found**, pasado simple de **to find**, *encontrar*.
to lay	*poner*
to spin	*girar*
to sweep	*barrer*
to turn on	*encender, poner en marcha* (aparato)

Adverbios, pronombres, etc.

indeed	*muy, extremadamente*, etc. **Nota:** como intensificador, **indeed** se coloca detrás de un adjetivo, precedido de **very**. También se puede utilizar al principio de una frase con el sentido de *en efecto, efectivamente*.

Sustantivos

diary	*diario* (personal)
dinner suit	*esmoquin*
exhaustion **exhaust** (tubo, sistema)	*agotamiento* *(tubo / sistema de) escape*

felt	*fieltro* **Nota:** no confundir con **felt**, participio pasado de **to feel**, *sentir*.
floor	*suelo*
herd	*manada, rebaño* **Nota:** no confundir con su homófona **heard**, pasado simple de **to hear**, *escuchar*.
injury ✋!	*herida, lesión* **Nota:** no confundir con **insult**, *insulto, injuria*.
laundry	*colada, lavandería*
maid	*criada, sirvienta*
meat	*carne* **Nota:** no confundir con su homófona **(to) meet**, *encontrarse*.
sale	*venta*
scent	*perfume* **Nota:** no confundir con su homófona **sent**, participio pasado de **to send**, *enviar*.
smoking jacket	*batín, bata de hombre*
sofa	*sofá*
studio flat (GB) **studio apartment** (US)	*estudio* (vivienda)
trip	*viaje, excursión*
trolley	*carrito*
wealth	*riqueza*

Adjetivos

brave	*valiente*
dry	*seco*
pretty	*bonito*
wealthy	*rico, adinerado*

Unit 18
ANSWERS

YOUR SCORE:

Basics

PAGES 172-173 – Los verbos irregulares en pasado

1 B | 2 A | 3 B | 4 C | 5 B | 6 B | 7 B | 8 C | 9 C | 10 B

1 B | 2 A | 3 C | 4 B | 5 B | 6 A | 7 C | 8 A | 9 A | 10 B

PAGE 174 – Verbos relacionados con la palabra: **say**, **speak**, **talk**, **tell**

1 A | 2 C | 3 A y B | 4 B | 5 B

1 A | 2 A | 3 B | 4 A | 5 C

PAGE 175 – Los atenuadores

1 A | 2 B | 3 B | 4 B | 5 A* | 6 A

* No confundas el adjetivo **quiet**, *tranquilo*, *silencioso* (pronunciado con dos sílabas: [kua-iet] con el adverbio **quite**, *bastante* (monosílabo: [kuait]).

PAGES 175-176 – El «espanglish»

1 B | 2 A* | 3 B | 4 B | 5 B

* La palabra **smoking** viene efectivamente de **a smoking jacket**, una chaqueta que los fumadores se ponían por encima de su ropa en el siglo XIX para evitar el olor a tabaco.

PAGES 176-177 – El relativo (continuación)

1 A y C | 2 B y C | 3 A y B | 4 A y B | 5 B

1 A y B | 2 B | 3 A | 4 A y B | 5 A y B

PAGES 177-178 – Vocabulario temático: el trabajo y el empleo

1 B* | 2 C | 3 B y C** | 4 A*** | 5 B | 6 A y B | 7 B | 8 A, B y C**** | 9 C | 10 A (US), B (GB)

* **an employer**, *un empleador*

** **a trade**, *un oficio*. El término completo para un sindicato es **a trade union** pero el uso común admite simplemente **a union** si el contexto es claro.

*** Attention: **to be out of work** es sinónimo de **to be unemployed**, *estar desempleado*.

**** En inglés británico, **a company** y **a firm** son generalmente sinónimos, aunque esa última palabra denota sobre todo una prestación de servicios profesionales. **A corporation** significa *una compañía* en inglés americano, pero en inglés británico es una *autoridad municipal*.

0 - 15 ¡Repasa!; **16 - 31** ¡Bien!; **32 - 49** ¡Estupendo!; **50 y más** You're really very good!

Focus Los verbos irregulares en pasado (continuación)

Answers p. 189

Elige la forma conjugada correcta del verbo entre paréntesis.

1. – What happened to your face? – I (to cut) myself with my razor.

   A cut   B caught   C cutting

2. I can't find my car keys. I know that I (to put) them on the table.

   A put   B pud   C putt

3. Kenneth Maven (to teach) mathematics and computing at secondary schools.

   A tech   B taught   C tetch

4. I (to read) a fantastic article on Aron's blog last night.

   A read   B red   C rid

5. She (to shut) the front door and walked into the garden.

   A shuttered   B shot   C shut

Hint Hay una veintena de verbos irregulares que forman un grupo homogéneo ya que sus tres tiempos principales (presente simple, pasado simple y participio pasado) son idénticos; otros forman su pasado con **-ought** o **-aught**.

Aquí tienes otra serie:

1. The waiter (to bring) two fillet steaks and a green salad.

   A braught   B brung   C brought

2. I (to hurt) my hand very badly on some broken glass.

   A hurt   B herd   C heart

3. It rained so much in Scotland that I (to catch) a bad cold.

   A catch   B caught   C crept

4. He went to Las Vegas last month, and it (to cost) him a fortune!

   A cyst   B cost   C cast

5. We (to bet) fifty pounds on a horse, but we didn't win.

   A bit   B bat   C bet

Unit 19
BASICS

Focus El participio pasado de los verbos irregulares

Elige el participio pasado correcto asociado al verbo entre paréntesis.

1. The multinational has (to shut) the factory and moved its business to another country.

   (A) shut (B) shutt (C) shutten

2. – Mr Marchant isn't in his office. – No, he has (to go) to lunch.

   (A) went (B) gone (C) been

3. We have (to give) them our permission to use the data if necessary.

   (A) given (B) gave (C) give

4. The customer service department has (to take) the feedback into consideration.

   (A) taken (B) token (C) took

5. I've (to show) you how to change the size of your text. Please go on.

   (A) sewn (B) shown (C) show

Hint No todos los verbos irregulares caen en categorías reconocibles, por lo que deben aprenderse individualmente. (El participio pasado se usa en particular con el auxiliar **to have** para formar el *present perfect*, que conecta el pasado con el presente. Se trata más a fondo en la Unit 27).

Seguimos.

1. We've knocked on the door and (to ring) the bell, but there's no answer.

   (A) rang (B) wrung (C) rung

2. Governments have (to wake up) too late to the problem of pollution.

   (A) waken up (B) woken up (C) woke up

3. I have (to see) the movie and now I want to read the book.

   (A) sown (B) seen (C) seed

4. You and your husband have (to be) very patient and helpful.

   (A) bean (B) been (C) was

5. – Where have you (to hide) my cigarettes? – You must stop smoking!

   (A) hold (B) hiden (C) hidden

Focus El país de origen: adjetivos y sustantivos

Elige el gentilicio correcto.

1. Jim comes from Britain, so he's _____.
   A Briton B british C British
2. Freja comes from Sweden, so she's _____.
   A Swiss B Swedish C Swedenish
3. Finlan comes from Ireland, so he's _____.
   A Ireish B Irish C Irlandish
4. Rhys comes from Wales, so he's _____.
   A Walish B Welsh C Welch
5. Ieneke comes from the Netherlands, so she's _____.
   A Netherlandish B Dutch C Dutchish
6. Donald comes from Scotland, so he's _____.
   A Scotch B Scot C Scottish
7. Marie comes from France, so she's _____.
   A Frankish B French C Francish

Answers p. 189

Ahora elige el sustantivo correspondiente.

1. Jim comes from Britain, so he's a _____.
   A Briton B Britisher C Englishman
2. Freja comes from Sweden, so she's a _____.
   A Swedener B Swede C Swedlander
3. Finlan comes from Ireland, so he's an _____.
   A Irelander B Irishman C Irisher
4. Ieneke comes from the Netherlands, so she's a _____.
   A Netherlander B Dutchwoman C Dutch
5. Donald comes from Scotland, so he's a _____.
   A Scotlander B Scottishman C Scot

6. Marie comes from France, so she's a _____.
   A French B Frank C Frenchwoman

7. Behiç is from Turkey, so he's a _____.
   A Turkishman B Turk C Turker

8. Karla is from Denmark, so she's a _____.
   A Danishwoman B Dane C Daness

9. Afonso is from Portugal, so he's a _____.
   A Porto B Portuguese C Portuguer

10. Juan is from Spain, so he a _____.
   A Spanish B Spaniard C Spanishman

Hint En inglés, los adjetivos de nacionalidad (o gentilicios) se escriben siempre con la inicial en mayúscula. Los sustantivos terminados en **-ch** (**French**), **-ese** (**Chinese**) o **-ish** (**Irish**) no añaden una «s» en plural (al igual que **Swiss**). También hay algunas formas particulares (**a Dane**, **a Swede**, etc.).

Focus Los idiomas (sustantivos)

Por último, selecciona la opción correcta para el idioma hablado en cada uno de estos países. (Puede haber más de una respuesta válida).

1. Jim comes from Britain, so he speaks _____.
   A British B English C the English

2. Freja comes from Sweden, so she speaks _____.
   A Swedenish B Swedish C the Swedish

3. Finlan comes from Ireland, so he speaks _____.
   A Gaelic B Irish C Gallic

4. Rhys comes from Wales, so he speaks _____.
   A Welsh B Welshish C the Welsh

5. Ieneke comes from the Netherlands, so she speaks _____.
   A Netherlandish B Dutch C Dutchish

6. Donald comes from Scotland, so he speaks _____.
   A the Scotch B Gaelic C Scots

7. Juan comes from Spain, so he speaks _____.
   Ⓐ Spaniardish Ⓑ Spanish Ⓒ Spainish

8. Ariana is from Greece, so she speaks _____.
   Ⓐ Grec Ⓑ Greek Ⓒ Greecish

9. Ryszard in from Poland, so he speaks _____.
   Ⓐ Polandish Ⓑ Polander Ⓒ Polish

10. Gene comes from the United States, so he speaks _____.
    Ⓐ English Ⓑ American Ⓒ American English

Hint No se utiliza nunca el artículo definido delante de los nombres de idiomas (**Among all the languages, she prefers Italian**, *Entre todos los idiomas, ella prefiere el italiano*.

Focus Los verbos de percepción

Elige la opción correcta.

1. According to what she said, the proposal _____ very boring.
   Ⓐ sounds Ⓑ feels Ⓒ looks

2. Here's the brochure: the cottage _____ charming in the photo.
   Ⓐ looks Ⓑ smells Ⓒ sounds

3. What's in the oven? It _____ great...
   Ⓐ feels Ⓑ tastes Ⓒ smells

4. ... and I'm sure it _____ delicious.
   Ⓐ tastes Ⓑ sounds Ⓒ touches

5. _____ these stockings: they're made of silk.
   Ⓐ Taste Ⓑ Feel Ⓒ Sound

Hint Los verbos de percepción **to feel**, **to sound**, **to look**, **to smell** y **to taste** describen la percepción por los sentidos (el tacto, el oído, la vista, el olfato y el gusto) y no todos tienen un equivalente directo en español.

Unit 19
BASICS

1. What is the name of that red fruit that _____ a tomato?

   A looks like — B sounds — C looks to

2. – Ugh, my coffee _____ awful. – Sorry, I forgot the milk and sugar.

   A sounds — B tastes — C feels

3. – I'm sure that something is burning. – I can't _____ anything.

   A feel — B smell — C taste

4. The Russian alphabet _____ very complicated when you see it for the first time, but it's easy to learn.

   A sounds — B looks — C feels

5. – That noise _____ fireworks. – Yes, it's November the fifth.

   A looked like — B sounded like — C tasted like

Focus Vocabulario temático: la alimentación

Elige la traducción correcta. (Puede haber más de una respuesta válida).

1. *un postre*

   A a dessert — B a desert — C a pudding

2. *las verduras «bio»*

   A bionic vegetables
   B biological vegetables
   C organic vegetables

3. *un plato* (comida elaborada)

   A a dish — B a course — C a plate

4. *una bebida sin alcohol*

   A an alcohol-free drink — B a gentle drink — C a soft drink

5. *el pan de molde*

   A soft bread — B mold bread — C sliced bread

6. *una berengena*

   A an aubergine — B a zucchini — C an eggplant

7. *una dieta*
   - (A) a diet
   - (B) a regimen
   - (C) a slimmer

8. *una piña*
   - (A) a pineapple
   - (B) a grapefruit
   - (C) a grape

9. *una pera*
   - (A) a pair
   - (B) a pear
   - (C) a pea

10. *un entrante*
   - (A) a starter
   - (B) a main course
   - (C) an entrée

Verbos

to bet	*apostar* (principales tiempos: **to bet**, **bet**, **bet**)
to cut	*cortar* (principales tiempos: **to cut**, **cut**, **cut**)
to hold	*sostener, agarrar*
to knock (on)	*golpear, llamar (a)*
to smell	*oler*
to shut	*cerrar* (sinónimo: **to close**)
to taste	*probar, saborear*
to touch	*tocar*

Verbos – Percepciones sensoriales

to feel like	*parecer* en función de lo que se sienta (también: *palpar*)
to look like	*parecer* en función del aspecto visual
to smell like	*oler a/como*
to sound like	*sonar a/como*
to taste like	*saber a, tener gusto a*

Sustantivos

answer	*respuesta*
bat	*bate, murciélago*
cast	*reparto* (trozo, película)

Unit 19
VOCABULARY

computing	*informática*
face	*cara*
fillet	*filete*
firework	*fuego artificial*
seed	*semilla*
shutter	*persiana, estor*
stocking	*medias* (ropa)
token	*ficha*

Adjetivos

awful	*terrible, horrible*
helpful	*útil, provechoso*

Unit 19
ANSWERS

YOUR SCORE:

Basics

PAGE 181 – Los verbos irregulares en pasado (continuación)
1 A | 2 A | 3 B | 4 A* | 5 C
1 C | 2 A | 3 B | 4 B | 5 C
* **Read** se pronuncia [riid] en presente y en infinitivo, pero [red] en pasado, como **red**, *rojo*.

PAGE 182 – El participio pasado de los verbos irregulares
1 A | 2 B | 3 A | 4 A | 5 B*
1 A | 2 B | 3 B | 4 B** | 5 C
* Las sílabas **-ewn** y **-own** en a) y b) son homófonas: [oun].
** Las respuestas a) y b) son homófonas: [biin].

PAGES 183-184 – El país de origen: adjetivos y sustantivos
1 C | 2 B | 3 B | 4 B | 5 B | 6 C* | 7 B**
1 A*** | 2 B**** | 3 B | 4 B | 5 C | 6 C | 7 B | 8 B | 9 B***** | 10 B
* **Scotch** (siempre con mayúscula inicial) solo se aplica a las preparaciones alimentarias, entre otras el whisky.
** **Frankish** es el término histórico para el pueblo *franco*.
*** Los estadounidenses a veces llaman **Britishers** a los británicos. Además, no se debe confundir **an Englishman**, un hombre nacido en Inglaterra, con **a Briton**, *un británico*, término que también incluye a los galeses, escoceses e irlandeses del norte.
**** **A swede**, sin mayúscula inicial, significa *colinabo*.
***** **Portuguese** es a la vez adjetivo y sustantivo.

PAGES 184-185 – Los idiomas (sustantivos)
1 B | 2 B | 3 A | 4 A | 5 B | 6* B y C | 7 B | 8 B | 9 C | 10** A, B y C
* Además del inglés, algunos escoceses hablan gaélico y escocés, un idioma específico considerado como lengua o dialecto.
** El debate sobre la clasificación del inglés hablado en Estados Unidos levanta pasiones desde hace siglos.

PAGES 185-186 – Los verbos de percepción
1 A | 2 A | 3 C | 4 A | 5 B
1 A | 2 B | 3 B | 4 B | 5 B

PAGES 186-187 – Vocabulario temático: la alimentación
1 A* | 2 C | 3 A y B** | 4 C | 5 C | 6 A y C*** | 7 A | 8 A | 9 B | 10 A y C ****
* No confundir **a desert**, *un desierto*, y **a dessert**, *un postre*, aunque la(s) **-s-** se pronuncien igual. La diferencia está en el acento tónico [DEsert] y [deSSERT] respectivamente.
** En el contexto de una comida **a course** es *un plato* (primero, segundo, etc.), pero también lo es **a dish**, que se refiere tanto a la comida elaborada como al recipiente. **A plate** es *un plato llano*.
*** **An aubergine** (GB) es **an eggplant** para los americanos. *Un calabacín* se dice **a zucchini**.
**** **An entrée** es *un plato principal* en Estados Unidos, pero *un aperitivo* para los británicos, que llaman al *plato principal* **a main course**!

0 - 17 ¡Repasa!; **18 - 35** ¡Bien!; **36 - 53** ¡Estupendo!; **54 y más** You're really very good!

Unit 20
BASICS

Focus El pasado simple: la forma negativa

Para cada afirmación, elige la forma negativa correspondiente.

Answers p. 200

1. I bought some pears at the market.
   - A I didn't buy any pears at the market.
   - B I did buy not any pears at the market.
   - C I didn't bought any pears at the market.

2. Mack spent a lot of money on food.
   - A Mack didn't spent a lot of money on food.
   - B Mack didn't spend a lot of money on food.
   - C Mack aren't spent a lot of money on food.

3. We got rice, spinach and butter.
   - A We didn't got rice, spinach and butter.
   - B We got not rice, spinach and butter.
   - C We didn't get rice, spinach and butter.

4. Grapes were in season.
   - A Grapes didn't in season.
   - B Grapes don't in season.
   - C Grapes weren't in season.

5. Angie and Mick forgot to go shopping.
   - A Angie and Mick didn't forgot to go shopping.
   - B Angie and Mick aren't forgot to go shopping.
   - C Angie and Mick didn't forget to go shopping.

6. It slipped her mind.
   - A It didn't slipped her mind.
   - B It didn't slipp her mind
   - C It didn't slip her mind

Ahora al contrario: para cada frase negativa, elige la forma afirmativa correspondiente.

Answers p. 200

1. We didn't get any leeks.
   - A We get any leeks.
   - B We got any leeks.
   - C We got some leeks.

2. I didn't know that his name was Jack.
   - A I know that his name was Jack.
   - B I knew that his name was Jack.
   - C I knowed that his name was Jack.

3. She didn't put a post on her social networks.
   - A She puts a post on her social networks.
   - B She putted a post on her social networks.
   - C She put a post on her social networks.

4. He didn't lose his parking space.
   - A He did lose his parking space.
   - B He losed his parking space.
   - C He lost his parking space.

5. They didn't take the subway.
   - A They take the subway.
   - B They took the subway.
   - C They did taked the subway.

Hint La construcción de las formas negativa e interrogativa del pasado es todavía más sencilla, ya que el auxiliar es invariable en todas las personas. Así pues, la interrogación se forma con **did** seguido del participio pasado, y la negación se forma con **did** seguido de **not** (cuya contracción es **didn't**).

Unit 20
BASICS

Focus El pasado simple: la forma interrogativa

Elige la pregunta que corresponde a la afirmación dada.

Answers p. 200

1. I went to the corner shop.
   - (A) Did you went to the corner shop?
   - (B) Are you went to the corner shop?
   - (C) Did you go to the corner shop?

2. He bought a frozen chicken.
   - (A) Did he buy a frozen chicken?
   - (B) Did he bought a frozen chicken?
   - (C) Did he buyed a frozen chicken?

3. They got some butter.
   - (A) Do they get any butter?
   - (B) Didn't they get some butter?
   - (C) Did they got some butter?

4. Mr Wallace took a holiday.
   - (A) Did Mr Wallace took a holiday?
   - (B) Did Mr Wallace take a holiday?
   - (C) Did take Mr Wallace a holiday?

5. We knew that the shop had organic grapes.
   - (A) Did the shop know that we had organic grapes?
   - (B) Did we know that the shop had organic grapes?
   - (C) Did we knew the shop had organic grapes?

Seguimos.

1. I found some fresh fruit.
   - (A) Did you find any fresh fruit?
   - (B) Did you some fresh fruit find?
   - (C) Did you found any fresh fruit?

2. He had common sense.
   - **A** Had he common sense?
   - **B** Did he had common sense?
   - **C** Did he have common sense?

3. James and Bernie forgot the fruit juice.
   - **A** Did James and Bernie forgot the fruit juice?
   - **B** Did James and Bernie forgotten the fruit juice?
   - **C** Did James and Bernie forget the fruit juice?

4. They were late for lunch.
   - **A** Did they be late for lunch?
   - **B** Did they are late for lunch?
   - **C** Were they late for lunch?

Answers p. 200

5. I knew your father.
   - **A** Did you knew my father?
   - **B** Knew you my father?
   - **C** Did you know my father?

Hint En pasado, el auxiliar **to be** forma la interrogación por inversión (**you were → were you?**) mientras que **to have** se comporta como un verbo normal (**you had → did you have?**).

Focus Las expresiones interrogativas de medida, cantidad, etc. (cont.)

Elige la opción correcta. (Puede haber más de una respuesta válida).

1. – _____ the movie? – It lasted three hours.
   - **A** How high was
   - **B** How long was
   - **C** How much time was

2. – _____ the Shard? – More than a thousand feet.

Answers p. 200

- A How high is
- B How many floors has
- C What does measure

3. – _____ the Amazon? – Around three hundred feet.

- A What depth
- B How deep is
- C How many feet has

4. – _____ to the superstore? – About two miles.

- A How long is it
- B How far is it
- C What far is it

5. – _____ use the "Search" function? – Ten times a minute!

- A How much time do you
- B Which number of times do you
- C How often do you

Hint En este tipo de preguntas, el acento tónico se coloca sobre el cuantificador (**high**, **long**, etc.).

Continuamos.

1. – _____ that box of fruit? – It weighs ten pounds.

- A How many pounds
- B What weighs
- C How heavy is

2. – _____ this carpet? – About half an inch.

- A How thick is
- B How much measures
- C How many inches is

3. – _____ you? – I'm about six feet.
   - **A** How heavy are
   - **B** How tall
   - **C** How thick

Answers p. 200

4. – _____ Maggie? – She's twenty-five.
   - **A** How old is
   - **B** How many years has
   - **C** How young is

5. – _____? – I'm fine thanks. And you?
   - **A** How are things
   - **B** How are you
   - **C** How are you doing

Focus *To get* (continuación)

Entre las opciones dadas, elige los elementos que sustituyen a las palabras en negrita.

1. Nick forgets everything. **He has** a memory like a sieve!
   - **A** He gets
   - **B** He's got
   - **C** He gets

2. **Does she have** time to finish before she leaves?
   - **A** Has she got
   - **B** Does she get
   - **C** Did she get

3. How many cousins **does she have**?
   - **A** did she get
   - **B** did she got
   - **C** has she got

4. My new tablet **doesn't have** a camera.
   - **A** doesn't get
   - **B** hasn't get
   - **C** hasn't got

5. **Do you have** a good memory?
   - **A** Do you get
   - **B** Have you got
   - **C** Have you get

6. **I have only** one hour to finish my report.
   A I've have got only   B I got only   C I've got only

7. **Does your phone have** a USB port?
   A Does your phone have got
   B Has your phone got
   C Does your phone get

Answers p. 200

8. **She has** a very bad headache.
   A She's got   B She got   C She's get

9. **Sue has** three dogs and two cats.
   A Sue's got   B Sue is got   C Sue gets

10. **You don't have much chance** of winning the jackpot.
   A You've got not much chance
   B You haven't got much chance
   C You don't have got much chance

Hint En este contexto, **got** no añade nada al significado de la oración, excepto un registro un poco más coloquial. Este tipo de expresión se reserva más al lenguaje hablado que al escrito porque se considera «poco elegante», aunque es extremadamente común.

Focus *Either / Neither / Both*

Elige la opción correcta.

1. You can have _____ a savings account _____ a current account, but not both.
   A either – either   B or – or   C either – or

2. _____ wanted to go back to work after the holidays.
   A Either of us   B Neither of us   C Neither us

3. He didn't want to talk to _____.
   A either of we   B neither of us   C either of us

4. – Martha isn't coming to the rehearsal. – Her husband isn't coming _____.

   A either B neither C both

5. _____ my girlfriend _____ afford to rent a flat in London.

   A Neither I nor – can
   B Both I or – can't
   C Either I nor – can't

Answers p. 200

Hint En una construcción con **either... or** o **neither... nor**, el siguiente verbo debe estar en singular (**either he or she is**). Sin embargo, en el lenguaje hablado, es común escuchar el plural porque, lógicamente, hay dos personas implicadas.

Aquí tienes otra serie:

1. – I really don't like this carpet. – I don't like it _____.

   A either B neither C both

2. – And I don't like the chairs. – _____ I.

   A Neither do B Either do C Either does

3. – He can't do the shopping today. – _____ she. She's too busy.

   A Either can B Neither does C Neither can

4. – Which do you prefer: soccer or cricket? – _____. I prefer basketball.

   A Neither B Both C Either

5. _____ you're wrong _____ I am, but not _____ of us.

   A Either – or – both
   B Either – nor – neither
   C Neither – or – either

Focus Vocabulario temático: las compras

Elige la traducción correcta. (Puede haber más de una respuesta válida).

1. *una caja registradora*

   A a checkout B a cash C a check-in

Unit 20
BASICS

2. *una ganga*
   - A a deal
   - B a bargain
   - C an affair

3. *una compra*
   - A a buy
   - B a shop
   - C a purchase

4. *rebajado*
   - A for sale
   - B on sale
   - C for sail

5. *un centro comercial*
   - A a mall
   - B a shopping centre
   - C a commercial centre

Answers p. 200

6. *un escaparate*
   - A a shop front
   - B a window display
   - C a window box

7. *comparar los precios*
   - A to price shop
   - B to price
   - C to shop around

8. *un pasillo*
   - A an isle
   - B an aisle
   - C an alley

9. *una tienda 24 h*
   - A a close shop
   - B a clothes shop
   - C a convenience store

10. *mirar escaparates*
    - A to go window-shopping
    - B to go window licking
    - C to free-shop

Verbos

to ache	*doler*
to last	*durar*
to search (for)	*buscar*
to slip	*resbalar(se)*

Sustantivos

ache **earache** **headache** **toothache**	*dolor* *dolor de oídos* *dolor de cabeza* *dolor de muelas, dientes*
grape	*uva*
leek **leak** (homófona)	*puerro* *fuga, gotera*
mind	*mente*
raisin	*pasa (uva)*
rehearsal	*ensayo* (teatro, etc.)
sieve	*colador*

Adjetivos

common	*común, corriente, ordinario*
thick	*grueso*

Unit 20
ANSWERS

YOUR SCORE:

Basics

PAGES 190-191 – El pasado simple: la forma negativa

1 A | 2 B | 3 C | 4 C | 5 C | 6 C

1 C | 2 B | 3 C | 4 C | 5 B

PAGES 192-193 – El pasado simple: la forma interrogativa

1 C | 2 A | 3 C | 4 B | 5 B

1 A | 2 C | 3 C | 4 C | 5 C

PAGES 193-195 – Las expresiones interrogativas de medida, cantidad, etc. (continuación)

1 B | 2 A | 3 B | 4 B | 5 C

1 C | 2 A | 3 B | 4 A | 5 A, B y C*

* Las tres preguntas significan *¿Qué tal?* en un registro coloquial que se aproxima al tuteo en español.

PAGES 195-196 – **To get** (continuación)

1 B | 2 A | 3 C | 4 C | 5 B | 6 C | 7 B | 8 A | 9 A | 10 B

PAGES 196-197 – **Either / Neither / Both**

1 C | 2 B | 3 C | 4 A | 5 A

1 A | 2 A | 3 C | 4 A | 5 A

PAGES 197-199 – Vocabulario temático: las compras

1 A | 2 A y B* | 3 C | 4 B** | 5 A (US) y B (GB) | 6 B | 7 C*** | 8****B | 9 C (US) | 10 A*****

* **A deal** (*un trato, un acuerdo*) se utiliza mucho en el comercio en línea para señalar una ganga, un chollo. Por otro lado, **bargain** es también un verbo, que significa *regatear*.

** En plural, **sales**, *las ventas*, significa *las rebajas*. No confundas **for sale**, *en venta*, con **on sale**, *rebajado*. Recuerda que su homófona **a sail** significa *una vela*.

*** Literalmente, **to shop around** «comprar alrededor» significa *darse una vuelta por las tiendas para comparar precios*. Aunque el comercio en línea ha cambiado los hábitos físicamente, no ha cambiado el vocabulario.

**** No confundas las homófonas **aisle** *(pasillo)* y ***isle*** *(isla)*, que se pronuncian [ail].

***** O simplemente **to window-shop**.

¿Has obtenido entre 0 y 15? Revisa todas las preguntas para repasar los errores que has cometido.
¿Has obtenido entre 16 y 31? No está mal, pero todavía lo puedes hacer mejor.
¿Has obtenido entre 32 y 49? ¡Genial! Analiza los errores y, si es necesario, revisa los conceptos que más dificultades te presentan.
¿Has obtenido 50 o más? You're really very good!

Focus Los adjetivos: la forma regular del comparativo

Elige la opción correcta.

1. Patricia is much _____ than _____. She's at least thirty-five.
   - A oldder – me
   - B older – me
   - C oldest – I

2. Not only that but she's also _____.
   - A ritcher
   - B richest
   - C richer

3. The weather is strange: it's _____ in Alaska than in Death Valley this week!
   - A hoter
   - B more hot
   - C hotter

4. Her fifteen-year-old daughter is _____ than _____.
   - A taller – her
   - B taler – she
   - C taller – she

5. The planet that they discovered is _____ and _____ than the Earth.
   - A bigger – colder
   - B bigger – more cold
   - C biger – colder

Hint El factor determinante en la formación de los adjetivos comparativos es el número de sílabas. En los adjetivos cortos (una sílaba) se añade simplemente **-er** (o **-r** si la última letra de la palabra es «e»). En los que terminan con una sola consonante precedida por una sola vocal, la consonante se duplica (**big** → **bigger**). En los adjetivos de dos sílabas (excepto los que terminan en **-y**, que siguen la misma regla que las palabras monosílabas) o más, se añade **more** (*más*) delante.

1. In some countries, CDs are _____ than vinyl.
   - A expensiver
   - B more expensive
   - C most expensive

2. The cookery show is much _____ than it sounds.
   - A more entertainment
   - B entertaininger
   - C more entertaining

Answers p. 209

3. Learning to fly is _____ than you think.
   - A hardier
   - B more hard
   - C harder

4. Personal qualities are much ______ than qualifications
   - A more important
   - B importanter
   - C most important

5. – How do you make your life ______ and ______? – Stop working!

A more easy – more happy

B easier – happier

C easyer – happyer

Answers p. 209

6. The staff are ______ and ______ than I thought.

A friendlier – patienter

B friendlier – more patient

C more friendly – more patient

Focus Los adjetivos: la forma regular del superlativo

Elige la opción correcta.

1. The White Tower is ______ building in London.

A oldest B the eldest C the oldest

2. And ______ building in Chicago is the Willis Tower.

A talest B tallest C the tallest

3. ______ day of the year is in mid-June.

A The longest B The most long C Most long

4. – Is your guest a VIP? – No, she's ______ person.

A the much important

B the most important

C the more important

5. – What's ______ country in the world? – My country!

A the most friendly

B the friendliest

C the most friendlier

1. San Francisco is one of ______ cities in the United States.
   - A the expensivist
   - B the most expensive
   - C more expensive

2. ______ word in Britain is the name of a Welsh village.
   - A Longest
   - B The longest
   - C The longerist

3. This is ______ question in the exercise.
   - A the easyiest
   - B easiest
   - C the easiest

4. According to Sally, she is one of ______ people in the word.
   - A happyest
   - B the happyest
   - C the happiest

5. – What's ______ thing to remember? – I forget.
   - A the most important
   - B the importantest
   - C the more important

Answers p. 209

Hint La regla de la longitud de los adjetivos comparativos también se aplica a la forma superlativa: las palabras monosílabas añaden la terminación **-est**, mientras que las palabras largas van precedidas por **the most** (*el más*). Además, hay que poner siempre el artículo definido **the** con el superlativo.

Focus El pasado pasado: los marcadores de tiempo

Choisissez le mot qui convient.

1. Do you remember Billy Bell? He was a big movie star twenty years ______.
   - A ago
   - B agone
   - C past

2. Where is your brother? I heard him on the phone ______.
   - A ago
   - B just now
   - C now

3. His wife left him ______ when she met another woman.
   - A a long time
   - B ages ago
   - C ago

4. ______ people ate when they were hungry. Now they eat all the time.

(A) In the days (B) Old days (C) In the old days

5. I'm afraid that I can't remember the date. It happened ______.

(A) a long time ago (B) a long time (C) a long ago time

Hint **Ago**, un apócope de **agone** (del participio pasado de **to go**), indica una acción ocurrida en un pasado más o menos distante. Se usa con el pasado simple y se coloca después del complemento de tiempo (**year**, **week**, **hour**, etc.).

Focus Los cuantificadores imprecisos

Answers p. 209

Elige la opción correcta.

1. The hotel was nice but I was ______ disappointed with the service.

(A) a bit (B) a lot (C) plenty of

2. We have ______ time before the match starts. Let's go to the pub.

(A) fully of (B) plenty of (C) many

3. There are ______ things we must do before we leave.

(A) much (B) a pair of (C) a couple of

4. Every year, ______ people visit Stonehenge.

(A) thousands of (B) a thousand of (C) thousand

5. Some lucky people are making ______ money with this online game.

(A) lots (B) tons of (C) kilos of

Hint Estas expresiones idiomáticas son muy comunes, aunque ninguna de ellas proporciona un número o medida específicos, incluso **a couple of**, que no necesariamente se refiere a dos personas o cosas.

Focus Los sustantivos plurales irregulares (continuación)

Elige el plural adecuado. (Puede haber más de una respuesta válida).

1. ox
   - A oxes
   - B oxen
   - C oxi
2. analysis
   - A analysises
   - B analyses
   - C analysis
3. goose
   - A gooses
   - B goosen
   - C geese
4. fish
   - A fish
   - B fishes
   - C fishen
5. crisis
   - A crisises
   - B crises
   - C crisii

Aquí tienes otra lista:

Answers p. 209

1. index
   - A indexii
   - B indices
   - C indexes
2. sheep
   - A sheep
   - B sheeps
   - C ship
3. person
   - A persons
   - B people
   - C piple
4. means
   - A mean
   - B means
   - C meane
5. data
   - A data
   - B datum
   - C datae

Hint Respecto a los plurales, hay algunas diferencias entre el inglés británico y el americano (por ejemplo, el plural de **index**, *un índice*, es, respectivamente, **indices** e **indexes**). Pero estas diferencias no impiden la comprensión.

Unit 21
BASICS

Focus **Utilizar las «question tags» para responder en una conversación**

Elige la «tag» correcta para responder al interlocutor.

1. – The MPs weren't happy with the result of the vote. – ______?
   A Were they B Weren't they C Wasn't they

2. – Sarah Summer made that movie twenty years ago. – ______?
   A Is she B Did she C Does she

3. – I saw Matt yesterday in the street but I did not stop. – ______?
   A Did not you B Didn't you C Were you

4. – The film director was married to an Irish model and actress. – ______?
   A Did he B Was he C Isn't he

5. – The last season of the series was not very exciting. – ______?
   A Was it B Wasn't it C Was not it

6. – I'm afraid that the parcel didn't arrive on time. – ______?
   A Did it B Did I C Didn't it

7. – When I was a student in America, I wasn't allowed to work. – ______?
   A Was you B Weren't you C Wasn't you

8. – We didn't know that Little France was in Edinburgh. – ______?
   A Did we B Did you C Didn't you

9. – We can't remember the person who you are talking about. – ______?
   A Can't you B Can you C Can we

10. – Robert and his daughter didn't get the contract that they wanted. – ______?
    A Didn't he B Did he C Didn't they

Focus Vocabulario temático: el cine

Elige la traducción correcta. (Puede haber más de una respuesta válida).

1. *un director*
   - A a stager
   - B a director
   - C a producer

2. *los créditos*
   - A the credits
   - B the casting
   - C the name list

3. *doblar*
   - A to voice
   - B to double
   - C to dub

4. *el cine*
   - A the flicks
   - B the movies
   - C the cinema

5. *un asistente eléctrico*
   - A a best boy
   - B a bad boy
   - C a good boy

6. *un guion*
   - A a screenplay
   - B a story
   - C a text

7. *un plató*
   - A a tray
   - B a turntable
   - C a set

8. *un figurante*
   - A a supporter
   - B a character actor
   - C an extra

9. *rodar (una película)*
   - A to make
   - B to shoot
   - C to edit

10. *un dramón*
    - A a rosewater movie
    - B a tear jerker
    - C a tragedy

Answers p. 209

Unit 21
VOCABULARY

Verbos

to stop	*parar(se)*

Adverbios, pronombres, etc.

plenty of	*bastante, mucho*

Sustantivos

analysis (pl. **analyses**)	*análisis*
fish (pl. **fish/fishes**)	*pescado(s)*
goose (pl. **geese**)	*ganso(s)*
index (pl. **indices** GB, **indexes** US)	*índice(s)*
ox (pl. **oxen**)	*buey(es)*
sheep (inv.)	*oveja(s)*
staff	*personal, empleados*

Las formas del comparativo y superlativo de los adjetivos

Adjetivos monosílabos y bisílabos acabados en **-y** (ejemplos)

hot	*caliente*	**hotter**	*más caliente*	**the hottest**	*el más caliente*
long	*largo*	**longer**	*más largo*	**the longest**	*el más largo*
old	*viejo*	**older**	*más viejo*	**the oldest**	*el más viejo*
tall	*alto*	**taller**	*más alto*	**the tallest**	*el más alto*

easy	*fácil*	**easier**	*más fácil*	**the easiest**	*el más fácil*
friendly	*amable*	**friendlier**	*más amable*	**the friendliest**	*el más amable*

Adjetivos polisílabos (ejemplos)

expensive	*caro*	**more expensive**	*más caro*	**the most expensive**	*el más caro*
important	*importante*	**more important**	*más importante*	**the most important**	*el más importante*

Unit 21
ANSWERS

YOUR SCORE:

Basics

PAGES 201-202 – Los adjetivos: la forma regular del comparativo

1 B 2 C 3 C 4 A 5 A

1 B 2 C 3 C 4 A 5 B 6 B

PAGES 202-203 – Los adjetivos: la forma regular del superlativo

1 C* 2 C 3 A 4 B 5 B

1 B 2 B** 3 C 4 C 5 A

* **The eldest** se utiliza para una persona (*el mayor*).

** Para tu información, esta ciudad se llama:

Llanfairpwllgwyngyllgogerychwyrndrobwllllantysiliogogogoch.

PAGES 203-204 – El pasado pasado: los marcadores de tiempo

1 A 2 B 3 B 4 C 5 A

PAGE 204 – Los cuantificadores imprecisos

1 A 2 B 3 C 4 A 5 B*

* **Tons of**, *un montón de*, también se puede decir **a ton of**, sin que varíe el significado

PAGE 205 – Los sustantivos plurales irregulares (continuación)

1 B 2 B 3 C 4* A y B 5 B

1** B y C 2 A 3*** A y B 4 B 5 A****

* **Fish**, en plural, se refiere a los peces en su conjunto, mientras que **fishes** se usa al contar cada especie individualmente. La primera palabra es la más común de las dos.

** **Indices** se usa en inglés británico e **indexes** en americano.

*** **People** se usa en inglés coloquial, mientras que **persons** se usa en un lenguaje más oficial (contratos, textos legales, etc.).

**** Aunque es plural (sing. **datum**), **data** también se usa en singular en inglés británico.

PAGE 206 – Utilizar las «question tags» para responder en una conversación

1 A 2 B 3 B 4 B 5 B 6 C 7 B 8 C* 9 A 10 C

* Los estrechos lazos históricos entre Francia y Escocia se ven claramente en el nombre de este barrio de las afueras de Edimburgo, donde se alojó María Estuardo.

PAGE 207 – Vocabulario temático: el cine

1 B 2 A 3 C 4 A, B y C* 5 A 6 A y B** 7 C 8 C 9 A y B 10 B***

* El término más coloquial es **the flicks** (de **to flicker**, *oscilar, vacilar*). Pero también se dice **the cinema**, especialmente en Gran Bretaña, y **the movies** (aféresis de **moving pictures**, *mágenes en movimiento*) en Estados Unidos (y cada vez más en Gran Bretaña).

** **A screenplay** («trozo de pantalla») se utiliza específicamente en cine; **a text** es una palabra genérica para *un impreso, un libro*, etc.

*** Literalmente, **a tear-jerker** es un «arranca lágrimas».

0 - 15 ¡Repasa!; **16 - 31** ¡Bien!; **32 - 49** ¡Estupendo!; **50 y más** **You're really very good!**

Unit 22
BASICS

Focus El comparativo y el superlativo de inferioridad

Answers p. 220

Elige la opción correcta.

1. – British humour is _____ French humour. – Really?
   - A less funnier than
   - B less funny than
   - C less funnier than

2. That blue duffel coat is _____ and more comfortable than I expected.
   - A less heavy
   - B the less heavy
   - C less heavier than

3. In my opinion, golf is _____ sport to watch on TV.
   - A the least entertaining
   - B the less entertaining
   - C least entertaining

4. – Apparently, vaping is much _____ smoking. – You're wrong.
   - A the less dangerous than
   - B least dangerous than
   - C less dangerous than

5. – Unfortunately, I chose _____ vacuum cleaner. – That was a bad idea!
   - A the less expensive
   - B the least expensive
   - C least expensive than

Hint Para construir el comparativo y el superlativo de inferioridad, la longitud (el número de sílabas) del adjetivo no es un criterio, al contrario que en las formas de superioridad.

Continuamos.

1. The building is _____ I thought, but it's still not attractive.
   - **A** less ugly than
   - **B** least ugly
   - **C** the less ugly than

Answers p. 220

2. They say that Dakota is _____ place to visit in the United States.
   - **A** least interesting
   - **B** the less interesting
   - **C** the least interesting

3. The Statue of Liberty is _____ I thought.
   - **A** less tall than
   - **B** less tall as
   - **C** least tall than

4. This is _____ beaches on the south coast.
   - **A** one least crowded
   - **B** one of least crowded
   - **C** one of the least crowded

5. The chef cooks food that's _____, so Americans love it.
   - **A** less spicy and salty
   - **B** less spicier and saltier
   - **C** least spicy and salty

Focus Comparativo y superlativo de inferioridad (formas irregulares)

Elige la opción correcta.

1. The player's condition is stable but his injury is _____ we thought.
   - **A** badder than **B** worst than **C** worse than

2. – What is _____ way to lose weight? – Don't eat anything.

A the goodest   B the most good   C the best

3. "The Darkest Night" was _____ movie that the director ever made.

A the baddest   B the worst   C the worse

4. – How far is the store? – It's _____ than we thought.

A farer   B father   C farther

5. Perth is _____ city in the world from New York.

A the farest   B the farthest   C the most far

Hint Hay otras formas irregulares que introducen ciertos matices (por ejemplo, **furthest** en lugar de **farthest**), pero podemos prescindir de ellas para comunicarnos en este nivel de aprendizaje.

Continuamos.

1. Mitch Samson is a _____ actor than his _____ friend, Tom Trip.

A best – better   B better – best   C better – bestest

2. – Florida has _____ theme park in the world. – Yes, but Paris has _____ restaurants.

A the biggest – the best

B biggest – best

C the biggest – the bester

3. – How is business? – Much _____ than last year, I'm afraid.

A worst   B worse   C the worst

4. The air quality in major cities is getting _____.

A gooder and gooder

B good and better

C better and better

5. – You must try a little harder if you want to beat me. – I'm doing _____.
(A) my good (B) my best (C) the best

Focus El comparativo con los pronombres posesivos

Elige la opción correcta.

1. Your work is _____ important _____. I make the tea.
   (A) less – of me
   (B) least – than me
   (C) less – than mine

2. You have _____ experience _____.
   (A) more – than me
   (B) most – than my
   (C) much – me

Answers p. 220

3. They are good at what they do, but we're _____.
   (A) more good than they
   (B) better than they're
   (C) better than them

4. Our garden is bigger _____, so we can grow more vegetables.
   (A) than they
   (B) than theirs
   (C) than there's

5. Cathy's contribution to the project was _____ than _____.
   (A) less useful – Steve's
   (B) least useful – Steve
   (C) the less useful – the contribution of Steve

6. James is a good designer, but our product costs _____ than _____.

- A less – him
- B least – he
- C less – his

Answers p. 220

7. Yes, but his operating expenses are _____.

- A lower than us
- B lower than ours
- C lower than we

8. – How old is your legal adviser? – I'm not sure but I think that he's _____.

- A older than me
- B older of me
- C older than mine

9. He says that vegetarians are _____.

- A healthier than we
- B more healthy that us
- C healthier than us

10. Her cooking is much _____ than _____.

- A less tasty – hers mother
- B less tasty – her mother's
- C less tastier – her mother's cooking

Hint El pronombre posesivo permite evitar la repetición de un sustantivo (ver Unit 4). En una comparación con el caso posesivo, se puede omitir el complemento (**Her cooking is tastier than her mother's cooking**).

Focus Las preposiciones (continuación)

Elige la preposición adecuada; pon atención a las posibles diferencias entre el inglés y el español.

1. You can borrow music CDs and films _____ your local library.
   A of B from C to
2. When I was at college, I was very good _____ marketing.
   A in B into C at
3. It's time _____ a change of leadership in this country. Vote for me!
   A of B for C to
4. We think _____ you all the time.
   A at B to C about
5. The new ship is made _____ a special type of steel.
   A in B of C up

Hint En estos ejemplos, la preposición que sigue a cada verbo difiere de su equivalente en español y, por lo tanto, hay que aprenderlo de memoria. Una buena manera de hacer esto es crear reglas mnemotécnicas (por ejemplo, **translate into**, *raducir a(l)*, porque hay un movimiento hacia el idioma de destino).

1. I'm surprised _____ you! I thought you were my friend.
   A at B with C of
2. I want you to be nice _____ her. Her husband is very ill.
   A with B to C at
3. He was very pleased _____ the results of his tests.
   A with B in C after
4. The answer to the question depends _____ who you ask.
   A on B of C from
5. Misha is translating my novel _____ Russian.
   A in B into C to

Unit 22
BASICS

Focus Palabras inglesas sin equivalente exacto en español

Elige la traducción correcta de los términos entre paréntesis.

1. I (*tomé prestado*) your dress for the party.
   - A pressed
   - B borrowed
   - C washed

2. The beach is wide and sandy and the water is very *(poco profunda)*.
   - A not deep
   - B undeep
   - C shallow

3. My father (*llegó a ser*) the CEO of the company.
   - A arrived
   - B got
   - C became

4. We spent a *(acogedora, cómoda)* evening by the fire with friends.
   - A cozy
   - B secure
   - C soft

5. When I was at university, I was in *(sentimiento de respeto mezclado con miedo)* my philosophy professor.
   - A awe of
   - B or of
   - C ore of

Hint Siempre se puede encontrar una perífrasis o dar un rodeo para expresar ciertas palabras o expresiones, sin que exista un equivalente exacto. El mismo fenómeno funciona a la inversa, por supuesto: palabras como *hortera* y *puente* (días festivos) son a menudo difíciles de traducir. Además, el idioma inglés ha asumido directamente algunas palabras españolas (**aficionado**, **siesta**, **guerrilla**, etc.).

Focus Palabras fáciles de confundir

Los verbos ***to lie***, acostarse, echarse *y también* mentir *y* ***to lay***, extender , poner, *son un poco difíciles de manejar. Para cada caso, elige la forma correcta.*

1. Yesterday evening, Molly _____ the table and lit the candles.
   - A lied
   - B laid
   - C lain

2. My boyfriend _____ to me about his income.
   - A lain
   - B lied
   - C lay

3. He _____ down on the bed and closed his eyes.
   - A lay
   - B lied
   - C lain

4. How many senators _____ in honour in the Capitol in Washington DC?
   - **A** have lain
   - **B** have lied
   - **C** have lay

5. She _____ the shopping on the table when he came into the kitchen.
   - **A** lain
   - **B** laid
   - **C** lied

Hint Estos tres verbos –dos de ellos irregulares: **to lie** (*acostarse*, *tumbarse*) y **to lay** (*extender*, *poner*), y uno regular, **to lie** (*mentir*)– a menudo se confunden incluso por los hablantes nativos de inglés. Así que debes aprenderlos bien. Los principales tiempos son, respectivamente: **to lie, lay, lain; to lay, laid, laid** y **to lie, lied, lied.**

Focus Vocabulario temático: los negocios

Elige la traducción correcta. (Puede haber más de una respuesta válida).

1. *un producto*
   - **A** a product
   - **B** produce
   - **C** produces

2. *un competidor*
   - **A** a competer
   - **B** a competitor
   - **C** a challenger

3. *una factura*
   - **A** an invoice
   - **B** a manufacture
   - **C** a bill

4. *la oferta y la demanda*
   - **A** offer and demand
   - **B** offer and request
   - **C** supply and demand

Answers p. 220

5. *la dirección (de una empresa)*
   - **A** leadership
   - **B** direction
   - **C** management

6. *una filial*
   - **A** a sister company
   - **B** a subsidiary
   - **C** a branch

7. *un accionista*
   - **A** a shareholder
   - **B** an activitist
   - **C** a sharer

8. *el orden del día*
   - A the order of the day
   - B the day's order
   - C the agenda

Answers p. 220

9. *un contable*
   - A a book-keeper
   - B a bookmaker
   - C an accountant

10. *la sede (empresa)*
   - A the seat
   - B the head office
   - C the headquarters

Verbos

to be in awe of	*admirar y temer a la vez*
to beat	*golpear*
to borrow (from)	*pedir prestado (a)*
to expect	*esperar, prever*
to lie (regular)	*mentir*
to lie / **lay** / **lain**	*acostarse, echarse, tumbarse*
to light	*esperar, prever*
to vape	*vapear*

Sustantivos

expense **operating expenses**	*coste, gasto* *gasto de funcionamiento*
library ✋!	*biblioteca*
produce	*productos agrícolas*
product	*producto*
steel	*acero*
tap	*grifo*

vacuum cleaner	*aspiradora*

Adjetivos

apparently	*aparentemente*
attractive	*atractivo, seductor*
cozy, **cosy**	*acogedor, agradable*
crowded	*abarrotado, lleno de gente*
salty	*salado*
shallow	*poco profundo*
ugly	*feo*

Comparativos y superlativos irregulares

bad, **worse**, **the worst**	*malo, peor, el peor*
far, **farther**, **the furthest**	*lejos, más lejos, el más lejano*
good, **better**, **the best**	*bueno, mejor, el mejor*

Unit 22
ANSWERS

Basics

YOUR SCORE:

PAGES 210-211 – El comparativo y el superlativo de inferioridad

1 B | 2 A | 3 A | 4 C | 5 B

1 A | 2 C | 3 A | 4 C | 5 A

PAGES 211-213 – El comparativo y el superlativo de inferioridad (formas irregulares)

1 C | 2 C | 3 B | 4 C | 5 B

1 B | 2 A | 3 B | 4 C | 5 B

PAGES 213-214 – El comparativo con los pronombres posesivos

1 C | 2 A | 3 C | 4 B* | 5 A | 6 C | 7 B | 8 A | 9 C | 10 B

* Atención: **theirs**, *el suyo* (de ellos) y **there's**, *hay*, son homófonas.

PAGE 215 – Las preposiciones (continuación)

1 B | 2 C | 3 B | 4 C | 5 B

1 A | 2 B | 3 A | 4 A | 5 B

PAGE 216 – Palabras inglesas sin equivalente exacto en español

1 B | 2 C | 3 C | 4 A | 5 A*

* **Awe** es una palabra antigua que expresa la noción de respeto mezclado con miedo. Las otras dos son homófonas, **ore**, *mineral*.

PAGES 216-217 – Palabras fáciles de confundir

1 B | 2 B | 3 A | 4 A | 5 B

PAGES 217-218 – Vocabulario temático: los negocios

1 A* | 2 B | 3 A y C** | 4 C*** | 5 C | 6 B**** | 7 A | 8 C | 9 A y C***** | 10 B y C

* El sustantivo incontable **produce** significa *productos agrícolas*.

** **An invoice** es el término comercial, mientras que **a bill** es *una cuenta de restaurante*, etc.

*** Falso amigo: *una oferta*, **an offer** PERO la oferta en el sentido económico es **supply**. De igual manera, **to demand** = *exigir*, pero el sustantivo incontable **demand** significa *la demanda* en un contexto económico.

**** **a branch**, *una sucursal*

***** **A book-keeper** («cuidador de libros») es una persona que lleva las cuentas de una empresa mientras que **an accountant** interviene a un nivel superior (análisis, asesoramiento, etc.).

¿Has obtenido entre 0 y 15? Revisa todas las preguntas para repasar los errores que has cometido.
¿Has obtenido entre 16 y 31? No está mal, pero todavía lo puedes hacer mejor.
¿Has obtenido entre 32 y 49? ¡Genial! Analiza los errores y, si es necesario, revisa los conceptos que más dificultades te presentan.
¿Has obtenido 50 o más? You're really very good!

Focus El pasado continuo (o progresivo) en afirmativo

Elige la opción correcta.

1. He _____ television all evening, until nine o'clock.
   - A was watched
   - B was watching
   - C were watching

2. Last summer, Danny and I _____ on a campsite in Yorkshire.
   - A have worked
   - B was working
   - C were working

3. The sun _____ and people _____ a picnic in Central Park.
   - A shining – had
   - B was shining – was having
   - C was shining – were having

4. – We _____ about inviting my ex to the wedding. – Bad idea!
   - A was thinking
   - B were thinking
   - C be thinking

5. I _____ what you did to reboot the system.
   - A have wondering
   - B were wondering
   - C was wondering

Answers p. 230

Hint El pasado continuo (o progresivo) corresponde a menudo al imperfecto en español (un tiempo que en inglés no tienen un equivalente directo), o bien a la noción de «estar haciendo algo».

Unit 23
BASICS

Answers p. 230

1. They _____ for good news but now they know the truth.
   - **A** have hoping
   - **B** was hoping
   - **C** were hoping

2. Don _____ and his wife _____ to her media player.
   - **A** having dinner – listened
   - **B** was having dinner – was listening
   - **C** had dinner – was listening

3. – I _____ to your assistant. – She left ten minutes ago.
   - **A** was hoping talk
   - **B** was hope talking
   - **C** was hoping to talk

4. My wife, her best friend and I _____ all _____ a house in a small town near Exeter.
   - **A** was – sharing
   - **B** were – sharing
   - **C** was – shared

5. I called one of my colleagues but he _____ emails to his girlfriend.
   - **A** was senting
   - **B** was sending
   - **C** sent

Focus El pasado continuo (o progresivo): formas interrogativa y negativa

Elige la pregunta correspondiente a la afirmación subrayada.
(Puede haber más de una respuesta válida).

1. <u>Ali was working in a pub</u> in London last year.
   - **A** Was Ali working in a pub?
   - **B** Ali was he working in a pub?
   - **C** Were Ali working in a pub?

2. We were hoping to meet your colleague.
   - **A** Was you hoping to meet?
   - **B** Were hoping you to meet?
   - **C** Were you hoping to meet?

Answers p. 230

3. Andrew and I were playing video games.
   - **A** They were playing video games?
   - **B** Were they playing video games?
   - **C** Was they playing video games?

4. They were asking me lots of questions.
   - **A** Why they were asking me?
   - **B** Why do they asking me?
   - **C** Why were they asking me?

5. They were looking for an important document.
   - **A** For what they were looking?
   - **B** What for they were looking?
   - **C** What were they looking for?

Ahora elige la forma negativa correspondiente a la afirmación subrayada. (Puede haber más de una respuesta válida).

1. Ah, there you are. We were looking for you.
   - **A** We weren't looking for you.
   - **B** We wasn't looking for you.
   - **C** We were not looking for you.

2. I was trying very hard to install the new app.
   - **A** Wasn't I trying very hard to install the new app.
   - **B** I wasn't trying very hard to install the new app.
   - **C** I very wasn't trying hard to install the new app.

3. I heard that Aysha <u>was working until midnight last night</u>.
   - **A** Aysha was not working until midnight last night.
   - **B** Aysha not was working until midnight last night.
   - **C** Aysha weren't working until midnight last night.

4. <u>She was texting her friends</u> for hours and hours.
   - **A** She wasn't texting her friends.
   - **B** She was not texting her friends.
   - **C** She was texting not her friends.

5. <u>My son was doing his homework last night.</u>
   - **A** My son weren't doing his homework last night.
   - **B** My son was not doing his homework last night.
   - **C** My son wasn't doing his homework last night.

Hint Las reglas de formación de la interrogativa y de la negativa son exactamente las mismas que en el presente continuo.

Focus El pasado simple y/o el pasado continuo

Elige la forma correcta de los verbos.

1. He _____ a video while he _____ clients on the phone.
   - **A** was watching – was talking to
   - **B** was watched – was talked to
   - **C** were watching – were talking to

2. When the vice-president _____ into the office, I _____ on the budget.
   - **A** was coming – was working
   - **B** was coming – worked
   - **C** came – was working

3. What _____ before the accident _____?
   - **A** you were going – was happening
   - **B** were you doing – happened
   - **C** were doing – was happening

Answers p. 230

4. – _____ while I _____? – Oh yes!
   - **A** Was I snoring – was sleeping
   - **B** Did I snoring – was sleeping
   - **C** I snored – was sleeping

Answers p. 230

5. Sami _____ a big file when his computer suddenly _____.
   - **A** was downloading – froze
   - **B** was downloading – was freezing
   - **C** downloaded – was froze

Hint Recuerda que los verbos de preferencia o de percepción no tienen forma continua (ver Unit 14). Por eso, es un error decir, en sentido estricto, **I was seeing**, aunque esta acción haya durado cierto tiempo.

Seguimos.

1. When the accident _____, the driver _____ the road.
   - **A** happened – was not watching
   - **B** was happening – did not watch
   - **C** was happening – did not watch
2. I _____ when I _____ her this morning in the elevator.
   - **A** was surprising – was seeing
   - **B** was surprised – was sawing
   - **C** was surprised – saw
3. Max _____ for bed when he _____ a noise outside the door.
   - **A** was getting ready – heard
   - **B** got ready – was hearing
   - **C** was getting ready – was hearing
4. My brother _____ a tooth while he _____ a candy bar.
   - **A** was breaking – was eating
   - **B** was breaking – ate
   - **C** broke – was eating

5. I _____ a nice group of people when I _____ in Australia.
   - A was meeting – was traveling
   - B met – was traveling
   - C was meeting – travelled

Focus El comparativo y el superlativo de adjetivos y adverbios (cont.)

Elige la opción correcta.

1. Sales are increasing _____ than we expected.
   A more slowly B slowlyer C slowlier

2. Don't take the subway. It's _____ to walk.
   A more quick B quicklier C quicker

3. A storm is much _____ than a hurricane.
   A less frightening B frighteningless C least frightening

4. Pat's Diner makes _____ breakfasts _____ world.
   A better – of the B the best – in the C best – in

5. It's _____ in Arizona than in Oregon.
   A a lot hotter B lot hotter C a lot more hot

1. – Unfortunately, he speaks Spanish _____. – What, _____ than me?
   A bad – worse B very bad – worst C very badly – worse

2. Please ask your guests to talk _____.
   A more quietly B quietlier C quieter

3. The central bank will move _____ than the government expects.
   A more slowly B slowlier C much slowly

4. Thanks to contactless cards, you now need _____ cash when you travel.
   A least B last C less

5. – I expected you this afternoon. – I took _____ flight.
   A earliest B a more early C an earlier

Focus Los adjetivos comparativos utilizados con un intensificador

Elige la palabra adecuada para completar las siguientes frases:

1. Crossword puzzles are _____ than sudoku.
   A far easier B far easyer C a far easier

2. Sorry I'm late: the meeting was _____ than I thought.
   A lot longer B a lot more long C a lot longer

3. Public transport in this city is _____ expensive.
   A farther to B far to C far too

4. Jaffa Tower is _____ the tallest building in the world.
   A far out B by far C by more far

5. The shops are _____ during the week before Halloween.
   A more busy ever
   B more busier than ever
   C busier than ever

6. The maths test was _____ than we expected.
   A much difficulter
   B many more difficult
   C much more difficult

7. _____ students leave university with huge debts.
   A Far too much
   B Far too many
   C Many too much

8. The situation is _____ than it appears.
   A a lot many complex
   B a lot more complex
   C a lot complexer

9. Diplomacy is _____ effective _____ war.
   A far more – that
   B far more – than
   C far many – than

Answers p. 230

Hint **A lot more** puede sustituir a **much more** (*mucho más*) y **far more** (*mucho más*), la única diferencia es que la primera opción es menos formal que las otras dos.

Focus Vocabulario temático: la informática

Elige la traducción correcta. (Puede haber más de una respuesta válida).

1. *un tratamiento de textos*
   A a text processor — B a word processor — C a text program

2. *una copia de seguridad (de un archivo)*
   A a save — B a backup — C a safeguard

3. *hacer un copia-pega*
   A to cut-glue — B to cut and stick — C to cut and paste

4. *un navegador*
   A a navigator — B a browser — C a web searcher

5. *una hoja de cálculo*
   A a spreadsheet — B a worksheet — C a cell program

6. *borrar (texto en un fichero, por ejemplo)*
   A to efface — B to rub out — C to delete

7. *un teclado*
   A a keyboard — B a switchboard — C a typewriter

8. *una conexión de banda ancha*
   A broadband — B wideband — C fastband

9. *un ordenador portátil*
   A a portable computer — B a laptop — C a notebook

10. *un motor de búsqueda*
    A a search engine — B a research engine — C a search motor

Verbos

to freeze	*congelarse*
to frighten	*asustar*
to play	*jugar*
to share	*compartir*
to shine	*brillar*
to snore	*roncar*

Adverbios, pronombres, etc.

outside	*fuera*
while	*mientras*

Sustantivos

client	*cliente* (que compra la prestación de servicio. Ver **a customer**, *un cliente* que compra un producto (Unit 4))
crossword (puzzle)	*crucigrama*
flight	*vuelo* (avión, etc.)
guest	*invitado*
news (sing.)	*noticias*
share	*participación (de empresa)*
tooth (pl. **teeth**)	*diente*
war	*guerra*

Adjetivos

frightening	*aterrador*
huge	*enorme*

Unit 23
ANSWERS

YOUR SCORE:

Basics

PAGES 221-222 – El pasado continuo (o progresivo) en afirmativo

1 B | 2 C | 3 C | 4 B | 5 C

1 C | 2 B | 3 C | 4 B | 5 B

PAGES 222-224 – El pasado continuo (o progresivo): formas interrogativa y negativa

1 A | 2 C | 3 B | 4 C | 5 C

1 A y C | 2 B | 3 A | 4 A y B | 5 B y C

PAGES 224-226 – El pasado simple y/o el pasado continuo

1 A | 2 C | 3 B | 4 A | 5 A

1 A | 2 C | 3 A | 4 C | 5 B

PAGE 226 – El comparativo y el superlativo de adjetivos y adverbios (continuación)

1 A | 2 C | 3 A | 4 B | 5 A

1 C | 2 A | 3 A | 4 C | 5 C

PAGE 227 – Los adjetivos comparativos utilizados con un intensificador

1 A | 2 C | 3 C | 4 B | 5 C | 6 C | 7 B | 8 B | 9 B

PAGE 228 – Vocabulario temático: la informática

1 B | 2 B* | 3 C | 4 B** | 5 A*** | 6 C**** | 7 A***** | 8 A | 9 B y C | 10 A

* Decimos **to save (a file)** para *guardar (un archivo)* pero *una copia de seguridad* es **a backup**. **A safeguard** significa *salvaguardia*, por tanto *un cortafuegos*.

** **To browse** literalmente significa «hojear un libro», «mirar la mercancía sin comprar».

*** **to spread**, *desplegar*; **a sheet**, *una hoja* (papel, etc.); **a worksheet**, *una hoja de cálculo*.

**** **To rub out** significa *borrar*, pero en una pizarra o en una hoja de papel.

***** **A key** significa *una llave* pero también *una tecla del teclado*, como la que se puede encontrar en **a typewriter**, *una máquina de escribir*.

¿Has obtenido entre 0 y 15? Revisa todas las preguntas para repasar los errores que has cometido.
¿Has obtenido entre 16 y 31? No está mal, pero todavía lo puedes hacer mejor.
¿Has obtenido entre 32 y 47? ¡Genial! Analiza los errores y, si es necesario, revisa los conceptos que más dificultades te presentan.
¿Has obtenido 48 o más? You're really very good!

Focus El futuro simple

Elige la opción correcta. (Puede haber más de una respuesta válida).

1. We _____ for the tickets by clicking the link on the website.
   (A) paying (B) will pay (C) will to pay
2. I'm sure that the new job _____ very satisfying.
   (A) will be (B) will to be (C) will is
3. Barry promises that he _____ a diet next month.
   (A) starting (B) will to start (C) will start
4. Ask me a question and _____ it if I can.
   (A) I'm answering (B) I'll answer (C) I will answering
5. I'm sure that you _____ your trip to Cornwall.
   (A) will to enjoy (B) will enjoy (C) will be enjoying

Answers p. 239

Hint Hay otro auxiliar para el futuro, **shall**, pero en el inglés hablado se reemplaza por **will**. Recuerda que los verbos **can** y **must** son verbos defectivos, es decir que solo existen en ciertos tiempos (ver Unit 7). Sus «falsos» infinitivos, utilizados para formar el futuro, son respectivamente **to be able to** y **to have to**.

Seguimos.

1. He _____ dance very well, but he promises that he _____.
   (A) will can't – try (B) will cannot – will try (C) can't – will try
2. You _____ park outside the house if you arrive early.
   (A) will be able to (B) will can (C) will can to
3. _____ to organise a party for Louise. It's her twenty-first birthday.
   (A) We will be happy (B) We'll be happy (C) We'll are happy
4. The hotel is full. You _____ find another solution.
   (A) will must (B) will have to (C) will to

5. The Queen _____ Parliament on the tenth of May. She _____ by carriage to Westminster.

- A is open – will drive
- B will open – driving
- C will open – will drive

Answers p. 239

Focus El futuro: formas negativa e interrogativa

Elige la opción correcta. (Puede haber más de una respuesta válida).

1. I'm afraid that we _____ to examine your request.
   - A will not having
   - B will not have time
   - C won't have time

2. It's our wedding anniversary tomorrow. _____ it with us?
   - A Will you celebrate
   - B Will celebrate you
   - C You'll celebrate

3. – Where _____ this time next year? – I have no idea.
   - A will you be
   - B you will be
   - C you'll be

4. I hope that _____ us.
   - A they will not forget
   - B won't they forget
   - C they won't forget

5. How _____ if it's the right decision?
   - A will you know
   - B you will know
   - C you'll know

Hint Con la contracción, la «o» de **not** se desplaza para sustituir la «i» de **will**: **will not** → **won't**. Por otro lado, en una pregunta que comienza con un adverbio interrogativo, **will** se coloca inmediatamente detrás (**when will**, **who will**, etc.).

Aquí tienes otra serie:

1. We _____ if we don't try.
   - A won't succeed
   - B will not succeed
   - C willn't succeed

Answers p. 239

2. _____ return to work full time after the operation?
   - A Will she can
   - B Will she be able to
   - C Will she can to

3. – When _____ you again? – I'll email you.
   - A I will see
   - B I see will
   - C will I see

4. _____ sell your car to pay for your trip?
   - A Will you must
   - B Will you have to
   - C Will have you to

5. What _____ if I ask him to visit me?
   - A will Tom say
   - B Tom will say
   - C will say Tom

Focus Las «question tags» en futuro simple / futuro próximo

Elige las «tags» adecuadas para completar las siguientes frases:

1. Terry won't be late _____? We've got a lot to do.
   - A won't he
   - B will he
   - C will not he

2. Louise and her boyfriend won't stay in Sidney, _____?
   - A won't she
   - B will she
   - C will they

3. They're not coming to the rally next week, _____?
   - A will they
   - B are they
   - C aren't they

4. She'll be disappointed if she doesn't win, _____?
   A does she B doesn't she C won't she

5. They won't be able to find a buyer for their house, _____?
   A will they B can they C can't they

6. You're not going to accept his offer, _____?
   A aren't you B are you C won't you

7. They won't have to wait too long, _____?
   A must they B mustn't they C will they

8. You will be bringing a bottle of wine to the party, _____?
   A will you B willn't you C won't you

9. The airlines won't cancel any flights because of the weather, _____?
   A won't they B will they C will not they

10. There'll be about fifty guests at the reception, _____?
   A won't they B won't there C won't he

Hint El mecanismo de las «question tags» es idéntico en todos los tiempos. Basta con retomar el auxiliar y aplicar la siguiente fórmula: oración afirmativa = «tag» negativa; oración negativa = «tag» afirmativa.

Focus Las preposiciones de tiempo

Elige la opción correcta.

1. Melanie taught French in Australia _____ six months.
   A for B during C ago

2. We were very busy _____ the summer, but now things are quiet.
   A for B while C during

3. Many countries remained neutral _____ the Cold War.
   A during B while C since

4. Your phone screen can be repaired _____ you wait.
   - A during
   - B while
   - C for

5. Alex was manager of the football team _____ many years.
   - A during
   - B while
   - C for

Hint **For** responde a la pregunta *¿Durante cuánto tiempo?* mientras que **during** responde a la pregunta *¿Cuándo?* Por otro lado, **while** corresponde a la noción de *mientras* y no se debe confundir con **a while**, *un momento*, *un instante*.

Seguimos.

1. We waited for Gordon and his wife _____ ages but they never came.
   - A for
   - B during
   - C while

2. The best time to buy a new car _____ the year is October.
   - A for
   - B ago
   - C during

3. – What happened? – I cut myself _____ I was chopping onions.
   - A during
   - B while
   - C for

4. Many students prefer to sleep _____ the day and work at night.
   - A while
   - B during
   - C at

5. She worked at a bar _____ three weeks _____ the winter _____ she was on a gap year.
   - A during – for – while
   - B for – during – while
   - C while – for – during

Answers p. 239

Focus Verbos relacionados con la palabra: *say*, *tell* (continuación)

Elige la opción correcta. (Puede haber más de una respuesta válida).

1. – They _____ weren't interested in our offer. – I wonder why not?
   - A said they
   - B said that they
   - C told they

2. I'm very surprised because they _____ they were interested in it.

(A) told me (B) told to me (C) told me that

3. Let's _____, for example, that I want to be an astronaut. Is it possible?

(A) tell me (B) say me (C) say

4. It's time to go. _____ goodbye to your friends.

(A) Tell to (B) Say to (C) Say

5. – Can you _____ how to get to Carnegie Hall. – Yeah, you have to practise a lot.

(A) tell me (B) tell to me (C) say me

Hint Echa un vistazo al ejercicio similar en la Unit 18 para comprender la diferencia entre **to say** (acto de habla) y **to tell** (contenido del enunciado). Ten en cuenta también que **that** se puede eliminar después de **say** (pero nunca puede seguir a **tell**).

Aquí tienes otra serie:

1. – In Britain, what do you _____ to someone who sneezes? – We _____ "Atishoo".

(A) say – say (B) tell – say (C) say – tell

2. _____ something: is the new machine really smaller and less heavy than the old one?

(A) Say me (B) Tell me (C) Tell to me

3. – What did you _____ him. – I _____ him that I wasn't happy with the price.

(A) say to – say to (B) said – said (C) say to – told

4. Stop _____ what to do. She's good at her job.

(A) saying to her (B) telling her (C) saying her

5. – We've got something to _____. – What is it?

(A) tell you (B) tell to you (C) say to you

Focus Vocabulario temático: la salud

Elige la traducción correcta. (Puede haber más de una respuesta válida).

1. *la tensión (arterial)*
   A tension B blood pressure C blood stress
2. *una tos*
   A a cough B a coff C a cold
3. *una farmacia*
   A a pharmacy B a chemist C a drugstore
4. *la gripe*
   A influenza B gripe C 'flu
5. *tener fiebre*
   A to have a temperature
   B to have a fever
   C to have a beaver

Answers p. 239

6. *un analgésico*
   A an analgesic B a painkiller C a depainer
7. *hacerse una radiografía*
   A to have a radio B to pass a radio C to have an X-ray
8. *sentirse mareado*
   A to faint B to feel faint C to paint
9. *un dolor de garganta*
   A a sore throat B an angel C angina
10. *un enfermero / una enfermera*
   A an infirmary B a nurse C a nanny

Unit 24
VOCABULARY

Verbos

to bring	*traer*
to cancel	*cancelar, anular*
to chop	*cortar, trocear*
to practise (GB) **to practice** (US)	*entrenarse, practicar*
to say goodbye (to)	*decir adiós (a)*

will be able to	futuro de **can**
will have to	futuro de **must**

Adverbios, pronombres, etc.

about	*aproximadamente, alrededor de*
ago (tiempo)	*hace* (+ cantidad de tiempo)
during	*durante* (un momento dado)
for (tiempo)	*desde hace*
since	*desde* (un momento en el tiempo)

Sustantivos

chop	*chuleta*
onion	*cebolla*
practice (GB y US)	*entrenamiento, práctica*

Adjetivos

disappointed	*decepcionado*
full	*completo, lleno*

Unit 24
ANSWERS

YOUR SCORE:

Basics

PAGES 231-232 – El futuro simple

1 B | 2 A | 3 C | 4 B | 5 B

1 C | 2 A | 3 A y B | 4 B | 5 C

PAGES 232-233 – El futuro: formas negativa e interrogativa

1 B y C | 2 A | 3 A | 4 A y C | 5 A

1 A y B | 2 B | 3 C | 4 B | 5 A

PAGES 233-234 – Las «question tags» en futuro simple / futuro próximo

1 B | 2 C | 3 B | 4 C | 5 A | 6 B | 7 C | 8 C | 9 B | 10 B

PAGES 234-235 – Las preposiciones de tiempo

1 A | 2 C | 3 A | 4 B | 5 C

1 A | 2 C* | 3 B | 4 B | 5 B

* **For** significa también *para*, así que si has elegido a), tu frase significa *para el año.*

PAGES 235-236 – Verbos relacionados con la palabra: **say**, **tell** (continuación)

1 A y B | 2 A y C | 3 C | 4 C | 5 A

1 A* | 2 B | 3 C | 4 B | 5 A y C

* **Atishoo!** es el equivalente de *¡Achús!*

PAGE 237 – Vocabulario temático: la salud

1 B | 2 A* | 3 A, B y C** | 4 A y C*** | 5 A y B**** | 6 A y B | 7 C | 8 B |
9 A | 10 B

* **Cough** se pronuncia [cof]; **a cold**, *un resfriado.*

** **A pharmacy** (GB y US) se dice también **a chemist** (lit. «un químico») en Gran Bretaña pero también **a drugstore** («tienda de drogas») en Estados Unidos.

*** **Influenza** (palabra de origen italiano) es el nombre «técnico» de la gripe, abreviado normalmene como **'flu**. **Gripe** es el término no-técnico para *el cólico.*

**** Las dos expresiones son válidas, según la fiebre que se tenga.

El idioma inglés tiene sus raíces tanto en el latín como el germánico, creando en cierto modo dos vocabularios paralelos. Por lo tanto, las palabras de origen latino se consideran «eruditas», mientras que el vocabulario sajón sigue siendo concreto y descriptivo. Este fenómeno es particularmente evidente en el campo médico: el profesional habla de **angina** y **analgesic** mientras el paciente siente **a sore throat** (lit. «dolorosa garganta») y reclama **a painkiller** (lit. «mata-dolor»).

0 - 15 ¡Repasa!; **16 - 31** ¡Bien!; **32 - 49** ¡Estupendo!; **50 y más** You're really very good!

Unit 25
BASICS

Focus El comparativo de igualdad

Elige la opción correcta.

1. I believe that the hybrid model is _____ a regular car.
   - A as fast as
   - B so fast as
   - C as faster as

2. Our new house is _____ theirs – and it's just as nice.
   - A as half big that
   - B a half big as
   - C half as big as

3. The satnav that you gave me _____ I thought.
   - A isn't as reliable as
   - B isn't reliable like
   - C isn't as reliable so

Answers p. 248

4. The program on my tablet doesn't work _____ the one on my laptop.
   - A as well as
   - B as good as
   - C so good as

5. Are the new high-speed trains _____ the old ones?
   - A so comfortable as
   - B as comfortable as
   - C comfortabler as

Hint En principio, se dice **as... as** en afirmativo pero **so... as** en forma negativa (**not so big as**). En la práctica, **as... as** se usa en ambos casos (sin embargo, **so** nunca se puede usar en una construcción afirmativa). Además, en presencia de un multiplicador (**three times**, **half as**, etc.), se usa el comparativo de igualdad en lugar del comparativo de superioridad, a diferencia del español (**three times as much as**, *tres veces más que*).

Aquí tienes otra serie:

1. The Queen Hotel is nice, but it's _____ the Elite.
   - A not as convenient as
   - B not as convenient like
   - C not convenient as

2. Jonah is _____ lark with his new bike.
   - (A) so happy as
   - (B) happy like a
   - (C) as happy as

3. Only nine o'clock. It's not nearly _____ I thought.
   - (A) later than
   - (B) as late than
   - (C) as late as

4. Please call your office back _____ possible.
   - (A) quickly as
   - (B) as quickly as
   - (C) quickly like

5. Patricia is earning three times _____ her colleagues.
   - (A) as much money than
   - (B) as much money that
   - (C) as much money as

Answers p. 248

Focus El comparativo (continuación)

Elige la opción correcta.

1. Compared with last year, _____ people are studying science at university.
   - (A) fewer
   - (B) few
   - (C) lesser

2. This browser apparently uses _____ memory than the old one.
   - (A) few
   - (B) fewer
   - (C) less

3. I will change suppliers if I can find one that costs _____.
   - (A) less
   - (B) few
   - (C) lesser

4. The country has _____ than twenty million internet users.
   - (A) lesser
   - (B) fewer
   - (C) few

5. Moving house will be simple because we have _____ furniture this time.
   - (A) much less
   - (B) much fewer
   - (C) many fewer

Hint Con el comparativo de inferioridad, como con el de superioridad, se hace una distinción entre los sustantivos incontables (**less**) y los sustantivos contables / plurales (**fewer**). Sin embargo, muchos angloparlantes usan **less** en ambos casos. ¡Intenta no imitarlos!

Unit 25
BASICS

Seguimos.

1. The weather is _____ the same as it was yesterday.
   (A) more or lesser (B) more or less (C) less and less

2. You should eat _____ fat and _____ calories if you want to stay healthy.
   (A) few – fewer (B) fewer – less (C) less – fewer

3. _____ young women want to become teachers or nurses.
   (A) Less and less (B) Fewer and fewer (C) Few and fewer

4. The new prospectus has _____ pages and _____ detail than the old one.
   (A) fewer – less (B) less – lesser (C) fewer – lesser

5. Our children are spending _____ time at home.
   (A) lesser and lesser (B) less and less (C) fewer and fewer

Focus La primera condicional

Elige la opción correcta.

1. If I _____ a cheap fridge, I _____ it right away.
   (A) will find – buy (B) find – will buy (C) will find – will buy

2. She _____ a good job if she _____ her final exams.
   (A) won't get – doesn't pass
   (B) will not get – will not pass
   (C) does not get – will not pass

Answers p. 248

3. _____ to the movies _____ for you?
   (A) Do you come – if I will pay
   (B) Will you come – if I will pay
   (C) Will you come – if I pay

4. _____ the letter before noon, it _____ the next day.
   (A) If you will post – will arrive
   (B) If you post – will arrive
   (C) If you will post – arrives

5. The car _____ petrol only _____ the engine _____.
   - **A** uses – if – is running
   - **B** will use – than – runs
   - **C** uses – where – is running

Hint La primera condicional sigue la misma estructura que en español (**if** + presente + futuro). Dependiendo del contexto, el **will** del futuro puede expresar la voluntad: **Will you lend me your car?**, *¿Me prestarás tu coche?*

Continuamos.

Answers p. 248

1. _____ you a car _____ your licence with you.
   - **A** They don't rent – if you won't have
   - **B** They don't not rent – if you don't not have
   - **C** They won't rent – if you don't have

2. My favourite saying is "_____ try, _____".
   - **A** If you don't – you'll never succeed
   - **B** If you don't – you'll not ever succeed
   - **C** If you don't – you never will succeed

3. _____ the machine _____ a battery?
   - **A** Will – work if we don't have
   - **B** Does – work if we won't have
   - **C** Does – will work if we don't have

4. _____ snowing, _____ public transport rather than my motorbike.
   - **A** If it starts – I'll take
   - **B** If it will start – I take
   - **C** If it start – I will take

5. _____ the cruise, _____ your money back.
   - **A** If you don't enjoy – we give
   - **B** If you don't enjoy – we'll give
   - **C** If you won't enjoy – we give

Unit 25
BASICS

Focus El vocabulario americano y el vocabulario británico (cont.)

Elige la palabra británica que corresponde a su equivalente americana.

1. petrol *(gasolina)*
   - A oil
   - B gasoline
   - C fuel

2. a zebra crossing *(un paso de cebra)*
   - A a zebra passage
   - B a black-and-white
   - C a crosswalk

3. a boot *(un maletero)*
   - A a shoe
   - B a bonnet
   - C a trunk

4. a windshield *(parabrisas)*
   - A a wind cover
   - B a windscreen
   - C a windmill

5. a flyover *(un paso elevado)*
   - A an overfly
   - B an overpass
   - C an underpass

6. a motorway *(una autopista)*
   - A a superway
   - B a highway
   - C a route

7. a lorry *(un camión)*
   - A a truck
   - B a transporter
   - C a wagon

8. a wing *(un ala)*
   - A a tail
   - B a fender
   - C a blender

9. a caravan *(una caravana, una casa rodante)*
   - A a tow
   - B a trailer
   - C a trail

10. a car park *(un parking)*
    - A a parking lot
    - B a car lot
    - C a parking space

Focus ¿Infinitivo o gerundio?

Elige la opción correcta para el segundo verbo entre paréntesis. (Puede haber varias respuestas posibles).

1. Jean-Luc started (learn) English when he was ten. Now he speaks it fluently.
   - A to learn
   - B learning
   - C learn

Answers p. 248

2. I don't like (drive) automatic cars.
   - **A** driving
   - **B** drive
   - **C** to drive

3. My manager suggested (change) the date of the next review.
   - **A** change
   - **B** to change
   - **C** changing

4. He says that he prefers (play) video games rather than (make) movies.
   - **A** playing – to make
   - **B** to play – to make
   - **C** playing – making

5. They decided (rent) an SUV for their summer holiday.
   - **A** to rent
   - **B** renting
   - **C** to be renting

Hint En las combinaciones que acabamos de ver, la mayoría de los primeros verbos pueden ir seguidos tanto de un infinitivo como de un gerundio sin ningún cambio notable en el significado. En las últimas dos oraciones (4 y 5 del siguiente ejercicio), hay un matiz importante entre las dos formas. Ver las soluciones, así como la Unit 16.

Continuamos.

1. In northern Scotland, it starts (get dark) at three o'clock in the winter.
   - **A** to get dark
   - **B** getting dark
   - **C** dark

2. She promised (send) me some pictures of her daughter's graduation.
   - **A** to send
   - **B** sending
   - **C** sent

3. You can continue (use) the program if you have bought a licence.
   - **A** using
   - **B** use
   - **C** to use

4. She stopped (buy) teabags.
   - **A** buying
   - **B** to buy
   - **C** bought

5. I remembered (go shopping) for clothes.
   - **A** going shopping
   - **B** to go shopping
   - **C** go shopping

Focus Vocabulario temático: el coche

Elige la traducción correcta. (Puede haber más de una respuesta válida).

1. *una berlina*
   - **A** a saloon
   - **B** a berlin
   - **C** a sedan

2. *frenar*
Ⓐ to break Ⓑ to brake Ⓒ to bake

3. *un intermitente*
Ⓐ a winker Ⓑ an indicator Ⓒ a flashlight

4. *adelantar (a otro vehículo)*
Ⓐ to double up Ⓑ to undertake Ⓒ to overtake

5. *un retrovisor*
Ⓐ a wing mirror Ⓑ a looking glass Ⓒ a back looker

6. *un maletero*
Ⓐ a safe Ⓑ a boot Ⓒ a trunk

7. *las luces de emergencia*
Ⓐ warnings Ⓑ hazard lights Ⓒ sidelights

8. *un neumático*
Ⓐ a tire Ⓑ a pneumatic Ⓒ a tyre

9. *el encendido*
Ⓐ the lighting Ⓑ the ignition Ⓒ the lighter

10. *una baca*
Ⓐ a gallery Ⓑ a roof-rack Ⓒ an arcade

Verbos

to get dark	*anochecer, oscurecer*
to run (motor)	*estar en marcha*
to supply	*proveer, abastecer*

Adverbios, pronombres, etc.

fewer	*menos que* (con un sustantivo contable)
less	*menos que* (con un sustantivo incontable)
more or less	*más o menos*

Sustantivos

engine **motor**	*motor* **Nota:** Básicamente, la diferencia está que **an engine** funciona con combustible y **a motor** por electricidad, pero hay muchas excepciones a esta regla, en particular el término **a motor car**, *un coche*...
fat	*grasa*
lark	*alondra*
satnav (**satellite navigation**)	*(sistema) GPS*
supplier	*proveedor*

Diferencias entre el inglés británico y el inglés americano

GB	US	
boot	**trunk**	*maletero*
car park	**parking lot**	*parking*
estate car	**station wagon**	*ranchera*
flyover	**overpass**	*paso elevado*
lorry	**truck**	*camión*
motorway	**highway**, **freeway**	*autopista*
windscreen	**windshield**	*parabrisas*
wing	**fender**	*ala*
zebra crossing	**crosswalk**	*paso de cebra*

Adjetivos

convenient	*conveniente, práctico*
healthy	*sano*, Unit 13

Unit 25
ANSWERS

YOUR SCORE:

Basics

PAGES 240-241 – El comparativo de igualdad

1 A | 2 C | 3 A | 4 A | 5 B

1 A | 2 C | 3 C | 4 B | 5 C

PAGES 241-242 – El comparativo (continuación)

1 A | 2 C | 3 A | 4 B | 5 A

1 B | 2 C | 3 B | 4 A | 5 B

PAGES 242-243 – La primera condicional

1 B | 2 A | 3 C | 4 B | 5 A

1 C | 2 A | 3 A | 4 A | 5 B

PAGE 244 – El vocabulario americano y el vocabulario británico (continuación)

1 B* | 2 C** | 3 C | 4 B | 5 B | 6 B*** | 7 A | 8 B**** | 9 B | 10 A

* Más comúnmente abreviado como **gas**, que significa *gas* en inglés británico. **Fuel** es una palabra genérica para *el combustible*, mientras que *el fuel* o *fueloil* se llama **diesel oil** (locomoción) o **heating oil** (calefacción).

** **A black-and-white** es el término coloquial estadounidense para *un coche de policía*, debido a los colores de la mayoría de estos vehículos.

*** El término puede variar según el estado; por ejemplo, en California se dice **a freeway**.

**** Es el mismo término tanto para un pájaro como para un avión.

PAGES 244-245 – ¿Infinitivo o gerundio?

1 A y B | 2 A y C | 3 C | 4 B y C | 5 A

1 A y B | 2 A | 3 A y C | 4* A y B | 5* A y B

* Con estos dos verbos, el significado es diferente: (4) **She stopped buying teabags**, *Dejó de comprar bolsitas de té*, pero **She stopped to buy teabags**, *Paró para comprar bolsas de té*; (5) **I remembered going shopping**, *Recordé haber ido de compras*, pero **I remembered to go shopping**, *Recordé que tenía que ir de compras*. Por supuesto, estos son dos ejemplos exagerados para ilustrar los diferentes mecanismos.

PAGES 245-246 – Vocabulario temático: el coche

1 A y C* | 2 B** | 3 B*** | 4 C | 5 A | 6 B y C**** | 7 B | 8 A y C***** | 9 B | 10 B

* **a saloon** (GB), **a sedan** (US); esta última palabra proviene de la ciudad francesa de Sedan.

** **To brake**, *frenar*, y **to break**, *romper*, son homófonas: [breik]

*** **a flashlight** (US), **a torch** (GB), *una linterna*

**** **a boot** (GB), **a trunk** (US), *un maletero*; **a safe**, *una caja fuerte*

***** **a tire** (GB), **a tyre** (US)

0 - 15 ¡Repasa!; **16 - 31** ¡Bien!; **32 - 49** ¡Estupendo!; **50 y más** You're really very good!

Focus La segunda condicional: afirmativo

Elige la opción correcta. (Puede haber más de una respuesta válida).

Answers p. 258

1. Ethan _____ his brother in Australia if _____ the money.
   - A visit – he would have
   - B would visit – he had
   - C would visit – he would have

2. If I _____ the lottery, I _____ working and take a long holiday.
   - A won – would stop
   - B would won – would stop
   - C would win – stop

3. _____ you to come to dinner next week if _____.
   - A We'd like – you'll be free
   - B We like – you're free
   - C We'd like – you're free

4. – If _____ less, _____ lose weight faster. – I know, but I'm always hungry.
   - A you've eaten – you have
   - B you'd eat – you'd have
   - C you ate – you'd

5. If _____ you, I _____ to the country. London is so polluted.
   - A I were – would move
   - B I would be – move
   - C I was – would move

Hint En una oración condicional con dos oraciones, el verbo que sigue a **if** en la subordinada nunca lleva **would** (excepto en expresiones de cortesía). Además, se puede, pero no es obligatorio, usar **were** (en lugar de **was**) en tales construcciones (ver oración n.° 5 más arriba), especialmente en la expresión **If I were you** (*Si yo fuera tú*). En este caso, se trata de un registro formal.

Unit 26
BASICS

Elige entre la primera o la segunda condicional para completar las siguientes frases. (Puede haber más de una respuesta válida).

1. – If the client _____, tell him that _____ on the phone. – Yes, sir.
   (A) would – I was (B) calls – I am (C) called – would be

2. He says that _____ the grass next week _____ some spare time.
   (A) he will cut – if he had
   (B) he would cut – if he would have
   (C) he will cut – if he has

3. If pigs _____ wings, they _____. And there _____ be traffic jams in the sky.
   (A) had – would fly– would
   (B) have – will fly – will
   (C) have – would fly– would

4. – _____ for a long walk _____ sunny tomorrow. – That's a good idea.
   (A) We'd go – if it's (B) We'll go – if it's (C) We'll go – if it were be

5. _____ a season ticket _____ so expensive.
   (A) I bought – if it wouldn't be
   (B) I'd buy – if it wasn't
   (C) I'd buy – if it weren't

6. _____ after lunch, _____ plenty of time.
   (A) If you'd lead – you'll have
   (B) If you left – you have
   (C) If you leave – you'll have

Focus La segunda condicional: formas negativa e interrogativa

Elige la opción correcta. (Puede haber más de una respuesta válida).

1. What _____ if a customer _____ about your product?
   (A) would you do – complained
   (B) would you do – would complain
   (C) do you do – would complain

2. I'm sure that _____ long hours if _____ it.
   - **A** he didn't work – he wouldn't enjoy
   - **B** he won't work – he wouldn't enjoy
   - **C** he wouldn't work – he didn't enjoy

Answers p. 258

3. I _____ any risks if I _____. The mountain roads are very dangerous.
   - **A** wouldn't take – was you
   - **B** wouldn't take – were you
   - **C** were take – wouldn't you

4. If _____ on a desert island, who _____ meet?
   - **A** you'd be – you like to
   - **B** you would be – would you like to
   - **C** you were – would you like to

5. Where _____ if _____ anywhere in America?
   - **A** would you go – you could travel
   - **B** could you go – you would travel
   - **C** would you go – you travelled

Hint Recuerda que, según el contexto, la contracción **'d** puede representar a **had** o a **would**. Obviamente, la segunda opción es la que se presenta en una construcción condicional de este tipo.

Seguimos.

1. – If _____ a son, what _____ him? – Alexander the Great!
   - **A** you'd have – would you call
   - **B** you had – would you call
   - **C** you would have – you would

2. – How old _____ Winston Churchill _____ if he _____ still alive? – Very old.
   - A would – be – was
   - B was – would be – was
   - C were – was – would be

3. I'm sure _____ if I _____ to their barbecue.
   - A they wouldn't notice – didn't go
   - B they didn't notice – wouldn't go
   - C they wouldn't notice – wouldn't go

Answers p. 258

4. What _____ if you _____ the president for a day?
   - A would you do – were
   - B you would do – was
   - C would you do – would be

5. I _____ if I _____ an invitation to the ceremony.
   - A didn't be angry – didn't receive
   - B wouldn't be angry – didn't receive
   - C didn't was angry – wouldn't receive

Focus Los cuantificadores (continuación)

Elige la opción correcta. (Puede haber más de una respuesta válida).

1. Jerry and I _____ bought a ticket at the ticket office.
   - A every
   - B each
   - C all

2. Today, I waited for your call _____ morning. What happened?
   - A every
   - B all
   - C each

3. _____ time we try to meet, something goes wrong.
   - A Every
   - B Each
   - C All

4. Five lucky winners _____ received a gift certificate in the competition.
   - (A) both
   - (B) each
   - (C) every

5. _____ Daniel and I live in the same street, but we rarely meet.
   - (A) Each
   - (B) Both
   - (C) Every

Hint A diferencia de **every**, **each** se puede colocar justo delante de un verbo, pero ambos pueden preceder a un sustantivo (ver oración 3). **Both** solo se puede usar con dos elementos. Por último, la expresión **each and every** significa *todos y cada uno (sin excepción).*

Y aquí tienes otra serie.

1. The exam has five questions and _____ of them has more than one answer.
   - (A) all
   - (B) every
   - (C) each

2. They see each other regularly, usually _____ three days.
   - (A) all
   - (B) each
   - (C) every

3. You know he's a cook because he has scars on _____ of his hands.
   - (A) each
   - (B) every
   - (C) all

4. A lot of progress has been made in almost _____ field of medicine.
   - (A) every
   - (B) all
   - (C) both

5. The security guards checked _____ vehicle as it entered the car park.
   - (A) each and each
   - (B) every and each
   - (C) each and every

Focus Los verbos defectivos (continuación)

Elige la opción correcta. (Puede haber más de una respuesta válida).

1. They _____ leave tomorrow because they haven't got their visas.
   - (A) may
   - (B) mayn't
   - (C) may not

2. _____ you tell us where we _____ find a good shoe shop?
   - (A) Can – can
   - (B) May – can
   - (C) May – may

3. The law _____ change but I doubt it very much.
   - (A) might
   - (B) may
   - (C) must

Answers p. 258

4. I _____ find my keys. They _____ be here somewhere.
   - (A) must – can
   - (B) can't – mustn't
   - (C) can't – must

5. You _____ access the contents of the archive, but only for your personal use.
   - (A) can
   - (B) may
   - (C) must

6. Guests _____ leave their rooms and check out of the hotel before eleven o'clock.
   - (A) might
   - (B) must
   - (C) can

7. _____ we have your attention, please? The captain has turned on the "seat belt" sign.
   - (A) May
   - (B) Must
   - (C) Can

8. You _____ forget to send Sheila a card for her birthday. It's next week.
   - (A) mustn't
   - (B) can't
   - (C) might not

9. What level of English _____ have to study at the technical college?
   - (A) can I
   - (B) might I
   - (C) must I

10. This software program ____ work with your computer: I'm not really sure.
    - (A) may
    - (B) might
    - (C) must

Hint **May** y **might** expresan una posibilidad, pero el segundo es menos probable que el primero. En la práctica suelen ser intercambiables. En un registro formal, **might** (pronunciado [mait]) puede sustituir a **may** y a **can** cuando se pide permiso (ver Unit 12).

Focus El futuro y el pasado de los verbos defectivos (continuación)

Elige la opción correcta.

1. When _____ to start work? We're in a hurry.
   - (A) will you can
   - (B) will you be able
   - (C) will you are able to

2. I don't know the answer. You _____ ask someone else.
   - (A) will have to
   - (B) will must
   - (C) will must to

3. On election day, there were so many people that _____ for ages to vote.
   (A) I must waited (B) I had to must wait (C) I had to wait
4. It's so nice to see you. I'm glad that _____ come.
   (A) you were able to (B) you were can to (C) you were able
5. – _____ really _____ now? It's so early. – I'm afraid so.
   (A) Do you – must leave (B) Have you – leave (C) Must you – leave

Seguimos.

1. My regional manager is coming next week. _____ dinner with him...
   (A) We'll must have (B) We'll have to have (C) We'll have to must
2. ...but we'll take him to a restaurant so that _____ cook.
   (A) you won't have to (B) you won't have (C) you must to
3. Unfortunately, _____ come back until Tuesday. We're really busy.
   (A) we won't must (B) we won't be able to (C) we will not can
4. _____ join us at the rally tomorrow evening? It starts at ten.
   (A) Will you can (B) Can you will (C) Will you be able to
5. I've ordered three books. How long _____ for delivery?
   (A) will I have to wait (B) will I must wait (C) will I can wait

Hint En algunos casos, **can** y **must** se pueden usar con el sentido de futuro (por ejemplo, en la oración 5, es posible decir **how long must I wait**). En caso de duda, elige siempre las formas completas (**will be able to / will have to**).

Focus Vocabulario temático: la ciudad

Elige la traducción correcta. (Puede haber más de una respuesta válida).

1. *la congestión, el embotellamiento*
   (A) stroke (B) congestion (C) car jam
2. *el alojamiento*
   (A) accommodation (B) lodgings (C) lodge

Answers p. 258

3. *un distrito*
   - A a round
   - B an area
   - C a district

4. *el centro de la ciudad*
   - A the town centre
   - B the city centre
   - C downtown

5. *un rascacielos*
   - A a skyscraper
   - B a sky rise
   - C a shack

6. *el ayuntamiento*
   - A the city hall
   - B the mare's office
   - C the mayor's office

7. *la periferia*
   - A the periphery
   - B the surrounds
   - C the outskirts

8. *una plaza*
   - A a square
   - B a circle
   - C a place

9. *una urbanización*
   - A a residential area
   - B an urbanization
   - C an urbanism

10. *la acera*
   - A the pavement
   - B the acer
   - C the sidewalk

Verbos

to compete	*competir*
to go wrong	*salir mal*
to notice	*darse cuenta*
to take someone to	*llevar, acompañar a alguien a*
may / might	auxiliares modales
will be able to	futuro de **can**
will have to	futuro de **must**
would	auxiliar del condicional

Sustantivos

belt **seat belt / seatbelt** **safety belt**	*cinturón* *cinturón de seguridad* (avión) *cinturón de seguridad* (coche)
field	*campo, terreno*
gift	*regalo*
grass	*hierba*
pig	*cerdo*
use	*uso* **Nota:** al contrario que en el verbo, la «s» es sibilante: [iuss] en lugar de [ius].
wing	*ala* (animal, edificio - ver también Unit 25)

Adjetivos

alive	*vivo*
lucky	*afortunado*
spare	*de repuesto*

Unit 26
ANSWERS

YOUR SCORE:

Basics

PAGES 249-250 – La segunda condicional: afirmativo
1 B | 2 A | 3 C | 4 C | 5 A y C
1 B | 2 C | 3 A | 4 B | 5 B y C | 6 C

PAGES 250-252 – La segunda condicional: formas negativa e interrogativa
1 A | 2 C | 3 A y B | 4 C | 5 A
1 B | 2 A | 3 A | 4 A | 5 B

PAGES 252-253 – Los cuantificadores (continuación)
1 B | 2 B | 3 A y B | 4 B | 5 B
1 C | 2 C | 3 A | 4 A | 5 C

PAGES 253-254 – Los verbos defectivos (continuación)
1 C | 2 A | 3* A y B | 4 C | 5** A y B | 6 B | 7 A y C | 8 A | 9 C | 10* A y B
* El nivel de probabilidad no es seguro, por lo que **may** o **might** serían correctas en estas dos oraciones; sin embargo, el nivel de probabilidad parece más bajo en la oración 3.
** **Can** = la posibilidad; **may** = el permiso. En la práctica, ambos son correctos.

PAGES 254-255 – El futuro y el pasado de los verbos defectivos (continuación)
1 B | 2 A | 3 C | 4 A | 5 C
1 B | 2 A | 3 B | 4 C | 5 A

PAGES 255-256 – Vocabulario temático: la ciudad
1 B* | 2 A** | 3 C | 4 A, B y C*** | 5 A | 6 A y C | 7 C | 8 A | 9 A | 10 A y C****
* Falso amigo: **congestion** no significa una acumulación excesiva de sangre sino la saturación de vehículos dentro de un atasco. El municipio de Londres cobra un **congestion charge**, o *peaje urbano*, para vehículos particulares.
** En inglés americano, **accommodation** se puede poner en plural.
*** Recuerda que **a town** es más pequeño que **a city**, pero la palabra estadounidense **downtown** se aplica a los dos tipos de población.
**** a) = GB y c) = US

¿Has obtenido entre 0 y 15? Revisa todas las preguntas para repasar los errores que has cometido.
¿Has obtenido entre 16 y 31? No está mal, pero todavía lo puedes hacer mejor.
¿Has obtenido entre 32 y 49? ¡Genial! Analiza los errores y, si es necesario, revisa los conceptos que más dificultades te presentan.
¿Has obtenido 50 o más? You're really very good!

Focus El *present perfect* (simple): afirmativo

Elige la opción correcta.

1. We _____ that movie ten times already. Let's choose another one.
   - A have seen
   - B saw
   - C have saw

2. Ian _____ economics for a long time, so this is his chance.
   - A wanted to have learned
   - B has wanted learning
   - C has wanted to learn

Answers p. 269

3. This is the first time that _____ traditional English food, and she likes it.
   - A she tries
   - B she has tried
   - C she tried

4. Mack _____ in America all his life but he still _____ a British accent.
   - A has lived – has
   - B lived – has had
   - C has lived – has had

5. I _____ in a library before but _____ to try.
   - A never worked – I always wanted
   - B have never worked – I've always wanted
   - C never have worked – I've wanted always

6. The Nasdaq index _____ by three hundred points and it _____ falling.
   - A fell – was still
   - B has fallen – is still
   - C fell – has still been

7. That's the hundredth time _____ that tune, and I hate it!
   - A I have heard
   - B I am hearing
   - C I heard

8. _____ to Australia and New Zealand but _____ to South Africa.
   - A I've gone – I've never gone
   - B I've been – I've never been
   - C I am gone – I've never gone

9. Her resumé is excellent. _____ lots of experience in banking and insurance.
   - A She has had
   - B She had
   - C She is had

10. I _____ the novel three times and _____ the movie twice, because I love the story.

(A) have red – seen (B) have read – seen (C) have read – saw

Hint El *present perfect* (el término inglés se usa a propósito para destacar que es un tiempo del presente, aunque en español equivaldría al pretérito perfecto) vincula una acción pasada con el momento presente. Siempre se usa con una indicación imprecisa (**for a long time**, **always**, **recently**) pero nunca para una acción completa que se puede ubicar en un momento específico en el pasado (**yesterday**, **last week**, etc.).

Focus El *present perfect*: formas interrogativa y negativa

Elige la opción correcta.

1. – _____ of an island called Foy? – Yes, it's part of Scotland.

(A) Did you hear (B) Have you heard (C) You have heard

2. – _____ to the dentist for at least two years. – Why not?

(A) I haven't been (B) I didn't go (C) I haven't go

3. – What _____ with my calculator? – It's on your desk.

(A) you have done (B) did you have done (C) have you done

4. I _____ Megan for a long time, but I _____ she has changed very much.

(A) haven't seen – don't think

(B) haven't seen – haven't thought

(C) did not see – have not thought

Answers p. 269

5. Look at their house! Why _____ it green?

(A) did they have painted

(B) they have painted

(C) have they painted

Hint El uso de **to be** en el *present perfect* a veces es confuso porque puede reemplazar a **to go**. Así pues, **Have you been to** es el equivalente de *Has ido a*.

Seguimos.

1. I _____ to look at your work yet. _____ very busy.
   - (A) haven't time – I was
   - (B) haven't had time – I've been
   - (C) didn't have time – I was been

2. I left him a message on his voicemail, so why _____ me back?
   - (A) he hasn't called
   - (B) he didn't call done
   - (C) hasn't he called

3. There's nobody here. Where _____ all the people _____?
   - (A) have – done
   - (B) have – gone
   - (C) did – gone

4. _____ in Death Valley for the past two years.
   - (A) It hasn't rained
   - (B) It isn't rained
   - (C) It didn't rain

5. We _____ them to help and they _____!
   - (A) didn't ask – haven't offered
   - (B) haven't asked – didn't offered
   - (C) haven't asked – haven't offered

Answers p. 269

Focus El *present perfect* y el pasado

Elige la opción correcta de los verbos.

1. – Why _____ Dick _____ absent for so long? – He _____ an accident three weeks ago.
   - (A) has – been – had
   - (B) has – gone – had
   - (C) has – been – has had

2. – I _____ Lola since Friday night. – Really? I _____ her last week.
   - (A) haven't seen – saw
   - (B) didn't see – have seen
   - (C) haven't seen – have seen

3. The Bank of England _____ in 1694 and _____ in 1998.

Answers p. 269

- A has been founded – has become
- B was founded – became independent
- C was founded – has become independent

4. – _____ the crossword yet? No, I _____ time.

- A Did you do – didn't have
- B Have you done – don't have
- C Have you done – haven't had

5. – Let's go, _____. – I _____ my breakfast yet.

- A we have been late – haven't finished
- B we're late – haven't finished
- C we have been late – haven't finished

Hint La clave para distinguir el *present perfect* del pasado simple es la precisión en el tiempo. Los adverbios como **ago**, sí como las fechas precisas (años, meses...), son todos indicadores del pasado, que no se utilizan con el *present perfect*.

Continuamos.

1. They _____ on holiday last summer and _____ to each other at least fifty times since then.

- A have met – wrote
- B have met – have written
- C met – have written

2. – _____ George yet? – No, but he _____ me, either.

- A Did you contact – didn't contact
- B Have you contacted – didn't contract
- C Have you contacted – hasn't contacted

3. We _____ him about the opportunity a long time ago, but he _____ anything.
   - (A) have told – hasn't done
   - (B) told – hasn't done
   - (C) have told – did not do

4. – _____ ever _____ to Ireland? – Yes, we _____ last March.
   - (A) Did you – go – have been
   - (B) Have you – been – went
   - (C) Did you – go – went

5. She _____ Chinese when she was at high school but she _____ it for her work.
   - (A) has learned – has never used
   - (B) learned – has never used
   - (C) has learned –didn't never use

Focus Los adverbios con el *present perfect*

Coloca correctamente en la frase los siguientes adverbios. (Puede haber más de una respuesta válida).

1. always
   - (A) Have you wanted to be a lawyer always?
   - (B) Have you always wanted to be a lawyer?
   - (C) Have always you wanted to be a lawyer?

Answers p. 269

2. often
   - (A) We have often wanted to set up our own company.
   - (B) We have wanted often to set up our own company.
   - (C) We have wanted to often set up our own company.

3. ever
   - (A) Have ever you asked for advice about careers?
   - (B) Have you asked ever for advice about careers?
   - (C) Have you ever asked for advice about careers?

Answers p. 269

4. before

(A) I don't think that she has been to our house before.

(B) I don't think that before she has been to our house.

(C) I don't think before that she has been to our house.

5. already

(A) I've already started the series but I've only watched three episodes.

(B) I've started the series already but I've only watched three episodes.

(C) I've started already the series but I've only watched three episodes.

Hint Como regla general, en una oración construida con el *present perfect* los adverbios se colocan antes del participio pasado, con la excepción de **before**, que se coloca al final de la oración, y **already** que, además de en la posición habitual, puede ir detrás del complemento.

Focus La supresión del pronombre relativo

Aquí tienes varias frases con los elementos señalados. ¿Cuál es la correcta? (Puede haber más de una respuesta válida).

1. messages / to arrive

(A) The messages arrived this morning are on your desk.

(B) The messages that arrived this morning are on your desk.

(C) The messages arrived this morning that are on your desk.

2. man / to speak to

(A) The man I was speaking earlier to is a police officer.

(B) The man who I was speaking to earlier is a police officer.

(C) The man what I was speaking to earlier is a police officer.

3. method / to follow

(A) This is the method which we have chosen to follow.

(B) This is the method chosen to follow.

(C) This is the method we have chosen to follow.

4. woman / to apply

   (A) The woman who has applied for the job is an insurance clerk.

   (B) The woman has applied for the job is an insurance clerk.

   (C) The woman that has applied for the job is an insurance clerk.

5. you / to be busy

   (A) I know you are very busy, but is why I want to talk to you.

   (B) I know you are very busy, but that is why I want to talk to you.

   (C) I know that you are very busy, but is why I want to talk to you.

Hint El pronombre relativo (**that**, **who**, **which**) puede omitirse si es complementario a la oración (o una oración restrictiva), especialmente en un registro poco formal. Por ejemplo, las frases **the woman who / that I love** y **the woman I love** son correctas. Por el contrario, no se puede omitir este pronombre en una oración determinante. Así pues, **who/that** no se pueden eliminar en el enunciado **the woman who / that loves me**. (Véase también la Unit 11 sobre **whom**).

Focus Los verbos con partícula (continuación)

Elige la opción correcta.

1. I don't know how to _____ my new network.

   (A) set up (B) set to (C) set in

2. A team of explorers has _____ on a journey to the Antarctic.

   (A) set on (B) set off (C) set back

3. You have already _____ your appointment three times this week.

   (A) put through (B) put off (C) put into

4. Please _____ your oxygen mask before helping others.

   (A) put on (B) put out (C) put back

5. Children, please _____ your toys before lunch.

   (A) put through (B) put on (C) put away

Unit 27
BASICS

Hint Aunque la lógica de los verbos con partícula no siempre es obvia, podemos deducir el significado en muchos casos gracias a la preposición utilizada. Así, **away** indica un movimiento de distancia, **in** un movimiento hacia el interior, **off** una separación o desaparición, **by** una noción de proximidad, etc. Por lo tanto, te recomendamos aprender estos verbos en pequeños grupos, a partir de la palabra «raíz» (**go**, **take**,etc.).

1. Do you want to eat your meal here in the restaurant or to _____ it _____?
   - A take – down
   - B take – away
   - C take – up

2. Our firm is planning to _____ a smaller company.
   - A take over
   - B take in
   - C take away

3. Please stow your tray tables when the plane lands and _____.
   - A takes out
   - B takes off
   - C takes up

4. We _____ our Christmas decorations on the sixth of January.
   - A take out
   - B take through
   - C take down

5. We're really _____ seeing you in Houston.
   - A looking forward to
   - B looking up to
   - C looking back to

Focus Vocabulario temático: las carreras y las profesiones

Elige la traducción correcta. (Puede haber más de una respuesta válida).

1. *un trabajo*
   - A a work
   - B a job
   - C an occupation

2. *una comadrona*
   - A a wise woman
   - B a wise wife
   - C a midwife

3. *un chófer*
   - A a driver
   - B a heater
   - C a chauffeur

4. *un basurero*
   - **A** a dustman
   - **B** a refuse collector
   - **C** a garbage collector

5. *un informático*
   - **A** a computer specialist
   - **B** a computer engineer
   - **C** an IT specialist

Answers p. 269

6. *un socorrista*
   - **A** a master swimmer
   - **B** a lifeguard
   - **C** a swimming master

7. *un camarero*
   - **A** a waiter
   - **B** a waitress
   - **C** a wait person

8. *un abogado*
   - **A** an advocate
   - **B** a lawyer
   - **C** an attorney

9. *un minero*
   - **A** a minor
   - **B** a miner
   - **C** a myna

10. *un marinero*
   - **A** a marine
   - **B** a sailor
   - **C** a seaman

Unit 27
VOCABULARY

Verbos

to look forward to	*esperar con impaciencia*
to put away	*ordenar*
to put off	*posponer*
to put on	*ponerse* (ropa, etc.)
to set off	*ponerse en camino, irse*
to set up	*crear, establecer*
to take away	*llevar(se)*
to take down	*bajar, descender*
to take over	*tomar el relevo, hacerse cargo*

Sustantivos

chance	*oportunidad, ocasión*
clerk	*empleado de oficina*
high school	*instituto* (US) **Nota:** Nota: algunas escuelas inglesas utilizan este término más que **secondary school**.
take-away / takeaway	*comida para llevar*
take-off / takeoff	*despegue*
take-over / takeover	*toma de poder*
tune	*melodía*
valley	*valle*

Se puede formar nombres propios a partir de ciertos verbos con partícula. Por ejemplo, **to take away food**, *llevarse la comida*, nos da **a takeaway**, *comida para llevar*. En el campo del transporte aéreo, **to take off**, *despegar*, da origen al sustantivo **a takeoff**, *un despegue*. Por último, **to take over a company**, *hacerse cargo de una empresa*, permite crear **a takeover** (o **take-over**), *una adquisición* o *toma de control*. Este mecanismo permite aumentar fácilmente el vocabulario, aunque no funciona sistemáticamente.

Unit 27
ANSWERS

Basics

PAGES 259-260 – El *present perfect* (simple): afirmativo

1 A | 2 C | 3 B* | 4 A | 5 B | 6 B | 7 A | 8 B | 9 A | 10 B

* Pequeña trampa: con una expresión de tiempo que contiene **time** (**first time**, etc.), no uses el presente, como en español (*la primera vez que come*) sino el *present perfect* (**the first time she has eaten**).

PAGES 260-261 – El *present perfect*: formas interrogativa y negativa

1 B | 2 A | 3 C | 4 A | 5 C

1 B | 2 C | 3 B | 4 A | 5 C

YOUR SCORE:

PAGES 261-263 – El *present perfect* y el pasado

1 A | 2 A | 3 B | 4 C | 5 B

1 C | 2 C | 3 B | 4 B | 5 B

PAGES 263-264 – Los adverbios con el *present perfect*

1 B | 2 A | 3 C | 4 A | 5 A y B

PAGES 264-265 – La supresión del pronombre relativo

1 B | 2 A y B | 3 A y C | 4 A | 5 B

PAGES 265-266 – Los verbos con partícula (continuación)

1 A | 2 B | 3 B | 4 A | 5 C

1 B | 2 A | 3 B | 4 C | 5 A

PAGES 266-267 – Vocabulario temático: las carreras y las profesiones

1 B y C* | 2 C | 3 C** | 4 A, B y C*** | 5 A, B y C***** | 6 B | 7 A y C | 8 B y C***** | 9 B | 10 B y C

* Atención: **work** (sin artículo) significa *el trabajo* en general, mientras que **a work** significa *una obra* (artística).

** **A chauffeur** es *un chófer* o *conductor privado*, mientras que **a driver** es *un conductor profesional (*camión, etc.) o *un conductor.*

*** En el inglés actual, se evita la terminación **-man** (y **-woman**) en la terminología del trabajo. Por lo tanto, la «antigua» palabra para *un basurero*, **a dustman** (lit. «hombre del polvo») se ha sustituido por **a refuse collector** (GB) o **a garbage collector** (US).

**** No hay un único término para traducir *un informático*. Las tres propuestas de este ejercicio son los nombres más comunes. **IT** es la abreviatura de **information technology**, *tecnología de la información* o *informática*.

***** **Attorney** no se usa en inglés británico en el sentido de *un abogado*. Sin embargo, los dos países tienen **an Attorney General**, equivalente más o menos al *Fiscal General* en Gran Bretaña y al *Ministro de Justicia* en Estados Unidos.

0 - 15 ¡Repasa!; **16 - 31** ¡Bien!; **32 - 49** ¡Estupendo!; **50 y más** **You're really very good!**

Unit 28
BASICS

Focus El *present perfect*: forma continua

Answers p. 279

Elige la opción correcta.

1. We _____ in this house for twenty years, but at last we _____.
   - (A) lived – have been moving
   - (B) have been living – are moving
   - (C) have been lived – have been moving

2. Ah, there you are! I _____ you everywhere.
   - (A) have been looking for (B) have looked for (C) am looking for

3. It _____. Look, the streets are wet.
   - (A) was raining for (B) has been raining (C) has been rained

4. "Someone _____ in my bed – and he is still there!" said Goldilocks.
   - (A) has been sleeping
   - (B) have been sleeping
   - (C) have sleeping

5. – Where's Joe? – He _____ ill for the past few days.
   - (A) has feeling (B) is feeling (C) has been

Hint Al igual que con el *present perfect* simple, la forma continua relaciona el pasado con el presente pero insiste en la continuidad de la acción, o el hecho de que acaba de terminar (**have** + **just** + participio pasado). Además, algunos verbos llamados «de percepción involuntaria», entre los que están **to understand** (*comprender*), **to know** (*saber*) y **to want** (*querer*), no tienen la forma continua.

Seguimos.

1. I _____ Mr Cook for many years. He _____ an excellent book-keeper.
   - (A) have known – is
   - (B) have known – has been
   - (C) know – has been

2. Our journalists _____ the film star's social network feed for months.
   - A has followed
   - B have been following
   - C are following

3. I don't know how long he _____, but _____ time to wake him up.
   - A has been sleeping – it is
   - B is sleeping – has been time
   - C has slept – has been time

4. I realise that she _____ you for a long time.
   - A has been wanted to meet
   - B is wanting to meet
   - C has wanted to meet

5. I _____ about the problem for weeks, but nothing _____ changed.
   - A have been knowing – has
   - B have knowed – has been
   - C have known – has

Focus El *present perfect* continuo: formas negativa e interrogativa

Elige la opción correcta.

1. – What _____ since your last job? – I _____ relaxing.
   - A have you done – am
   - B have you been doing – 've been
   - C have you been doing – am

2. I _____ the news. What has happened?
   - A haven't been following
   - B have been not following
   - C am not following

Answers p. 279

3. I'm sorry I'm late. Have _____ long?

(A) you been waiting (B) you are waiting (C) you waiting

4. – You _____ out of breath. – Yes, I _____.

(A) have been – 've been swimming

(B) have been – I swam

(C) are – 've been swimming

5. – Why _____ Tess _____ me? – Because she doesn't like you.

(A) have – been ignoring

(B) is – been ignoring

(C) has – been ignoring

6. Where _____ since the last time that we _____ to them?

(A) have they worked – have been speaking

(B) have they been working – spoke

(C) are they working – have been speaking

7. He really _____ very well recently. He _____ about his health.

(A) hasn't been sleeping – has been worrying

(B) isn't sleeping – has been worrying

(C) hasn't been sleeping – has worried

8. Who _____ my mug? Now it _____ dirty!

(A) is using – has been

(B) has been using – is

(C) has using – has been

9. The team _____ well lately. They _____ five matches so far.

(A) isn't playing – have lost

(B) hasn't been playing – lost

(C) hasn't been playing – have lost

10. – How _____ the band _____ money recently? – By _____ their music online.
    - **A** has – been earning – selling
    - **B** is – earning – have been selling
    - **C** has – earning – selling

Focus El *present perfect* inmediato

Answers p. 279

Elige la opción correcta.

1. – Is Tom in? – No, he _____ but he will be back soon.
    - **A** is just gone out
    - **B** has just gone out
    - **C** has gone just out
2. _____ up? You still look tired!
    - **A** Have you just woken
    - **B** Are you just woken
    - **C** Have just you woken
3. I _____ the name of that actor who I like.
    - **A** 've just remembered
    - **B** 'm just remembering
    - **C** just remembered
4. Why _____ the PM _____ her mind? Is she worried?
    - **A** has – changed just
    - **B** just – has changed
    - **C** has – just changed
5. _____ or are you leaving?
    - **A** Have you just arrived
    - **B** Have just you arrived
    - **C** You have just arrived

Unit 28
BASICS

Hint Al usar **just** con el *present perfect*, enfatizamos la inmediatez de una acción que acaba de terminar, al igual que *acabar de* en español. Sin embargo, algunos angloparlantes, especialmente en Estados Unidos, usan el pasado simple en el mismo contexto (**I just spoke** en lugar de **I have just spoken**). Se trata de un uso, no de un matiz de significado.

Focus *To get* (continuación)

Selecciona el equivalente al término entre paréntesis.

1. We will (contact) you as soon as possible.
   - A get contact with
   - B get in touch with
   - C get out of touch

2. I hope that you will (improve your health) quickly
   - A get up
   - B get better
   - C get back

3. You must (finish) the job (+ preposition) before you go out.
   - A get – out
   - B get – in
   - C get – done

4. What time do you (return) your walk?
   - A get back from
   - B get through
   - C get back

5. I (have a good relationship) my work colleagues but we are not close friends.
   - A get on
   - B get on with
   - C get with

Focus Las preposiciones y las conjunciones de tiempo (continuación)

Elige la opción correcta.

1. The stock market has been slowing down _____ September.
   - A for
   - B since
   - C during

2. The Home Secretary resigned two days _____. She made the announcement _____ a press conference.
   - A for – since
   - B ago – for
   - C ago – during

3. The factory is closed because the workers have been on strike _____ a fortnight.
   - A during
   - B for
   - C since

4. – How long has Sandra been in France? – She left a week _____.

   (A) ago (B) for (C) since

5. I woke up several times _____ the night because my neighbours were making a noise.

   (A) for (B) during (C) since

Hint Hemos visto **for**, **during** (y **while**) en la Unit 24. **Since** (usado con el *present perfect*) mide el tiempo desde el inicio de la acción (*¿desde cuándo?*), a diferencia de **for**, que especifica su duración (*¿desde hace cuánto?*). **Ago** siempre se usa con el pasado simple y mide el tiempo empleado (ver Unit 21).

Aquí tienes otra serie:

1. The value of the building _____ a lot _____ we bought it.

   (A) has increased – since

   (B) increased – for

   (C) is increasing – during

Answers p. 279

2. – How long _____ in Seattle last year. – _____ six months. Then we moved to Portland.

   (A) did you live – For

   (B) did you live – During

   (C) have you lived – Since

3. Much of the city was destroyed _____ the war one hundred years _____.

   (A) during – ago (B) ago – during (C) for – ago

4. I haven't seen Sam or his wife _____ ages, _____ my last birthday.

   (A) since – for (B) during – since (C) for – since

5. I talked to them _____ an hour _____ their visit six months _____ and I haven't seen them _____ then.

   (A) for – during – ago – since

   (B) during – during – ago – since

   (C) since – during – ago – for

Unit 28
BASICS

Focus *Already / Yet / Still*

Elige la opción correcta.

1. – Has the mail arrived _____? – No, not _____.

   A still – yet B yet – yet C still – still

2. It was very late, but the shops were _____ open when we arrived.

   A yet B already C still

3. I must start sending Christmas cards. It's _____ mid-December and I'm late.

   A already B yet C still

4. – What will you wear to the office party? – I haven't decided _____.

   A still B yet C already

5. New Zealand has lost the last two matches, but they are _____ in the lead.

   A still B already C yet

Hint Hay tres escenarios con los términos **yet**, **still** y **already**. **Yet** se usa en una oración negativa o interrogativa para hablar de algo que debería haber sucedido. **Still** indica que la acción en cuestión aún no ha terminado. **Already** significa que algo ha sucedido antes de lo esperado. Esta última palabra rara vez se usa en una oración negativa, donde se reemplaza por **still** o **yet**.

Continuamos.

1. – Are you _____ seeing that guy from Newcastle? – No. He was _____ married.

   A still – already B already- still C still – yet

2. – Have you asked him for a pay rise _____? – No, I _____ haven't talked to him.

   A yet – still B yet – already C still – yet

3. – I've changed my mind. – It's too late. I've _____ bought the tickets.

   A still B yet C already

4. Zack was _____ working when I said "It's midnight _____" and went to bed.

   (A) still – already   (B) already – still   (C) still – yet

5. I asked him "Have you finished _____?" and he replied "No I _____ haven't finished.

   (A) yet – yet   (B) still – yet   (C) yet – still

Focus Vocabulario temático: los medios de comunicación

Elige la traducción correcta. (Puede haber más de una respuesta válida).

1. *una cadena (televisión, radio)*

   (A) a channel   (B) a station   (C) a chain

2. *un sondeo*

   (A) a sound   (B) a check   (C) a poll

3. *los titulares*

   (A) the headlines   (B) the titles   (C) the head titles

4. *los anuncios clasificados*

   (A) the small ads
   (B) the little advertisements
   (C) the classified ads

Answers p. 279

5. *un telespectador*

   (A) a spectator   (B) a viewer   (C) a watcher

6. *una serie*

   (A) a series   (B) a sery   (C) a serie

7. *un presentador (del telediario)*

   (A) a journalist   (B) a front man   (C) an anchor

8. *emitir*

   (A) to diffuse   (B) to defuse   (C) to broadcast

9. *en directo*
   - (A) directly
   - (B) live
   - (C) lively

10. *los temas de actualidad*
    - (A) current affairs
    - (B) actual affairs
    - (C) current questions

Verbos

to be / go on strike	*estar en huelga, ir a la huelga*
to get back (from) **to be back**	*volver, regresar (de)* *estar de vuelta*
to get better	*mejorar* (salud)
to get in touch with	*contactar con*
to get on with	*entenderse con*
to get up	*levantarse*
to ignore	*ignorar, no tener en cuenta*
to look + adjetivo	*parecer*
to realise (GB)	*darse cuenta de*

Adverbios, pronombres, etc.

everywhere	*por / en todas partes*
just + *verbo en present perfect*	*acabar de...* **I have just finished**, *Acabo de terminar.*

Sustantivos

book-keeper	*contable* (ver Unit 22)
breath	*aliento, respiración*
Home Secretary (GB)	*Ministro del Interior* **Nota:** no hay un equivalente directo en Estados Unidos.
pay rise	*aumento de sueldo*
PM	*Prime Minister* (ver Unit 3) **Nota:** no confundir con **pm** (**post meridiem**, ver Unit 9).

Unit 28
ANSWERS

YOUR SCORE:

Basics

PAGES 270-271 – El *present perfect:* forma continua

1 B 2 A 3 B 4 A* 5 C

1 A 2 B 3 A 4 C 5 C

* **Goldilocks**, *Ricitos de oro.* ¡Un clásico entre los cuentos!

PAGES 271-273 – El *present perfect* continuo: formas negativa e interrogativa

1 B 2 A 3 A 4 C 5 C 6 B 7 A 8 B 9 C 10 A

PAGE 273 – Le *present perfect* inmediato

1 B 2 A 3 A 4 C 5 A

PAGE 274 – **To get** (continuación)

1 B 2 B 3 C 4 A 5 B*

* No confundir con **to get on**, *subirse, montarse* en un medio de transporte (ver Unit 15).

PAGES 274-275 – Las preposiciones y las conjunciones de tiempo (continuación)

1 B 2 C 3 B 4 A 5 B

1 A 2 A 3 A 4 C 5 A

PAGES 276-277 – **Already / Yet / Still**

1 B 2 C* 3 A 4 B 5 A

1 A 2 A 3 C 4 A 5 C

* Gramaticalmente, la respuesta b) sería correcta pero la lógica sería incorrecta (*ya abiertas* en lugar de *todavía abiertas*).

PAGES 277-278 – Vocabulario temático: los medios de comunicación

1 A y B* 2 C 3 A 4 A y C** 5 B 6 A*** 7 C 8 C**** 9 B 10 A*****

* Se dice **a television** (o **TV**) **channel** pero **a radio station**.

** **Ad**, apócope de **advertisement**, muy útil en el inglés habitual.

*** Ver Unit 12. El sustantivo **series** es singular y plural a la vez.

**** **To cast**, *lanzar, tirar*; **broad** (adj.), *grande* (Encontramos la misma noción en *una gran difusión* y encontramos la misma estructura en el anglicismo *un podcast.*

***** El significado del término en inglés es más amplio que nuestra noción de **noticias**, que se traduce habitualmente por **news**.

¿Has obtenido entre 0 y 15? Revisa todas las preguntas para repasar los errores que has cometido.

¿Has obtenido entre 16 y 31? No está mal, pero todavía lo puedes hacer mejor.

¿Has obtenido entre 32 y 49? ¡Genial! Analiza los errores y, si es necesario, revisa los conceptos que más dificultades te presentan.

¿Has obtenido 50 o más? You're really very good!

Unit 29
BASICS

Focus La voz pasiva afirmativa

Elige la opción correcta.

1. My son _____ a place at art college but, in the end, he did not go.
   A is offered   B was offered   C was offer

2. People _____ to purchase first-class tickets because the trains are full.
   A are being encouraged
   B be encouraged
   C is being encouraged

3. I _____ last week by the head of purchasing about a promotion.
   A was contacted   B have been contacted   C have contacted

4. According to the local news site, the shop _____ by a local businessman.
   A has bought   B has been bought   C has was bought

5. The Los Angeles Theater _____ in less than six months.
   A is built   B was builded   C was built

Hint La estructura de la voz pasiva en inglés es similar a la del español (**to be** + participio pasado). Si el verbo está en la forma continua, generalmente en presente y pasado simple, basta con añadir **being**.

Seguimos.

1. The packages that _____ on Monday _____ yet.
   A I have ordered – were not delivered
   B I ordered – have not been delivered
   C I ordered – were not

Answers p. 290

2. A lawyer _____ present when the suspect _____ by the police.
   A has been – was being question
   B can being – is being questioned
   C can be – is being questioned

3. You _____ by our staff as soon as possible.
   - **A** will be contacted
   - **B** have been contacted
   - **C** are contacted

4. We _____ that part-time workers will receive a pay rise.
   - **A** have been just informed
   - **B** have just been informed
   - **C** just were informed

Answers p. 290

5. Five people _____ in last night's crash but no one _____.
   - **A** have been injured – is killed
   - **B** were injured – was killed
   - **C** have been injured – have been killed

Focus La voz pasiva: formas negativa e interrogativa

Elige la opción correcta.

1. The missing child _____ for more than a fortnight.
   - **A** has not been seen
   - **B** is not seen
   - **C** has not seen

2. You _____ in time. Dinner _____ yet.
   - **A** were just – is not served
   - **B** are just – is not been served
   - **C** are just – has not been served

3. Sheets and towels _____ every day during the winter season.
   - **A** will not be changed
   - **B** will be not changed
   - **C** not will be changed

4. – When _____ the Oscar nominations _____? – Not until next week.
   - **A** are – be announced
   - **B** will – be announced
   - **C** will be – announced

5. You can delete a message if it _____.

(A) has not been read

(B) has been not read

(C) is not been read

Answers p. 290

Hint Si las formas contraídas (**hasn't**, **won't**, etc.) se usan con la voz pasiva, van seguidas inmediatamente por el pronombre y luego por el participio pasado (**hasn't he been**, etc.).

Aquí tienes otra serie:

1. – _____ anything to eat or drink? – No, not yet.

(A) Are you offered

(B) Have you been offered

(C) Are you been offered

2. Several bicycles _____, and the thieves _____.

(A) have been stolen – have not been found

(B) are stolen – have not founded

(C) have been stolen – are not found

3. – Where exactly _____ in Florida? – In Polk County.

(A) are oranges grown

(B) are oranges have been grown

(C) are oranges growed

4. An error _____ and your purchase _____.

(A) is occurred – has not been completed

(B) has been occurred – is not yet completed

(C) has occurred – has not been completed

5. Why _____ about his opinion on this issue?
   - **A** has he been not asked
   - **B** hasn't he been asked
   - **C** has not he asked

Focus La voz pasiva: estructura sin sujeto

Transforma las frases activas a la voz pasiva, omitiendo el sujeto subrayado.

1. Somebody has stolen our camera. → Our camera _____.
   - **A** is stolen
   - **B** has been stolen
   - **C** has stolen

2. My aunt gave me a pair of socks. → I _____.
   - **A** was gave a pair of socks by my aunt
   - **B** was given a pair of socks by my aunt
   - **C** has gave a pair of socks by my aunt

Answers p. 290

3. The salesman offered us a reduction. → We _____.
   - **A** were offered a reduction by the salesman
   - **B** we're offered a reduction by the salesman
   - **C** offered a reduction by the salesman

4. Somebody is serving us, thank you. → We're _____.
   - **A** been served, thank you
   - **B** were being served, thank you
   - **C** being served, thank you

5. My friend Bill serves white wine with cheese. → White wine _____.
   - **A** with cheese is served
   - **B** has been served with cheese
   - **C** is served with cheese

Unit 29
BASICS

Hint La voz pasiva se usa a menudo para traducir el pronombre personal indefinido **se** (ver también la Unit 13), especialmente en los carteles: *Se habla inglés*, **English spoken here** o incluso *No se aceptan cheques*, **Cheques not accepted**.

Continuamos.

1. They speak English and French in Canada. → English and French _____.
   - A is spoken in Canada
   - B have been spoken
   - C are spoken in Canada

2. The team has cancelled the match. → The match _____.
   - A has cancelled
   - B has been cancelled
   - C is be cancelled

3. The painters will finish the work tomorrow. → The work _____.
   - A will be finished tomorrow
   - B will finish tomorrow
   - C will have finished tomorrow

4. The children have emptied the dishwasher. → The dishwasher _____.
   - A is emptied
   - B have emptied
   - C has been emptied

5. The press contacted me. → I was _____.
   - A contacted by the press
   - B contact by the press
   - C be contact by the press

Answers p. 290

Focus Las conjunciones temporales

Elige la opción correcta.

Answers p. 290

1. I _____ you when _____ at the tube station.
   - A will text – I arrive
   - B text – I will arrive
   - C will text – I will arrive

2. As soon as _____ the money, _____ you the goods.
   - A we will receive – we will send
   - B we receive – we will send
   - C we received – we send

3. We _____ until _____ from you.
   - A won't do anything – we'll hear
   - B don't do anything – we'll hear
   - C won't do anything – we hear

4. When _____ for an interview?
   - A you will be available
   - B will you be available
   - C will you available

5. Which poem begins: "When _____, and grey and full of sleep"?
   - A you will be old
   - B you are old
   - C you'll be old

6. _____ as soon as _____ the ironing.
   - A I've helped you – I've finished
   - B I help you – I'll finished
   - C I'll help you – I finish

7. When _____ at the airport, I _____ for you at the entrance.
   - A you arrive – will be waiting
   - B you will arrive – will wait
   - C you arrive – wait

8. The developers _____ support for the program as soon as _____ that it works.

A provide – they will be sure

B will provide – they are sure

C will provide – they'll be sure

Answers p. 290

9. Until _____ the device yourself, you _____ if it's suitable for you.

A you have try – will not know

B you will try – won't know

C you try – won't know

10. – I _____ with them as long as I _____ welcome. – What, five minutes?

A will stay – will be B will stay – am C will stay – be

Hint En este tipo de oración, y a diferencia del español, solo el verbo de la oración principal se conjuga en futuro (**will**). El de la oración subordinada está en el presente, especialmente después de **when** (*cuándo*), **until** (*hasta*), **as soon as** (*tan pronto como*, *en cuanto*), etc.

Focus Los verbos con partícula (continuación)

Elige el equivalente al verbo o la expresión entre paréntesis.

1. Who will (occupy) the children this evening?

A look after B look on C look through

2. It's so nice to (receive your email/phone call, etc.).

A hear from you B hear of you C hear at you

3. The firework display has been (cancelled).

A called on B called off C called in

4. I must (search for) that word in the dictionary.

A look up B look out C look to

5. I will (reimburse you) as soon as I can.

A pay to you B pay you up C pay you back

Focus *What / That / Which* (continuación)

Elige la palabra correcta. (Puede haber más de una respuesta válida).

1. Tell me _____ you eat and I will tell you who you are.
   - A what
   - B which
   - C that

2. I'll give her _____ she wants. But tell her _____ it's the last time.
   - A what – that
   - B that – what
   - C what – which

3. – _____ of these two bags do you want to borrow? – The one _____ you don't use.
   - A Which – what
   - B What – what
   - C Which – which

4. _____ they told me is _____ they were very satisfied.
   - A What – which
   - B Which – that
   - C What – that

5. Yes, they're very pleased with _____ they saw, _____ is good news.
   - A what – what
   - B what – which
   - C what – that

Hint La confusión surge porque **which** es un adjetivo interrogativo (*¿qué?, ¿cuál?*, etc.) y un pronombre (*qué, cuál*, pero también *el que* y *lo que*). Por lo tanto, es necesario identificar la función gramatical. Recuerda que cuando se usa como pronombre relativo, **which** se puede reemplazar por **that** (ver Unit 27).

Focus Vocabulario temático: las redes sociales

Elige la traducción correcta. (Puede haber más de una respuesta válida).

1. *un(a) internauta*
   - A an internet user
   - B a netizen
   - C a surfer

2. *un alias*
   - A a handle
   - B a pseudonym
   - C a nickname

3. *los ajustes (cuenta, programa)*
   - A parameters
   - B settings
   - C set-ups

4. *un hilo (serie de mensajes)*
   - A a wire
   - B a thread
   - C a cord

5. *actualizar (cuenta, información)*
   - A to upday
   - B to upload
   - C to update

6. *desconectarse*
   - A to log out
   - B to sign out
   - C to deconnect

7. *un código QR*
   - A a flash code
   - B a fast code
   - C a quick recognition code

Answers p. 290

8. *una página de inicio*
   - A an initial page
   - B a start page
   - C a home page

9. *arroba*
   - A arrow
   - B «at» sign
   - C «at» symbol

10. *una cuenta*
    - A a count
    - B an invoice
    - C an account

*Aunque el vocabulario de internet está dominado por el inglés y sus neologismos (***influencer***, etc.) y que el español ha adoptado descaradamente términos como «hacker» o «podcast», hay una terminología española que se podría usar en las redes sociales (por ejemplo,* influente *para* **influencer***).*

Unit 29
VOCABULARY

Verbos

to suspect	*sospechar*
to be in time **to be on time**	*llegar con tiempo* *llegar a tiempo*
to delete	*borrar*
to occur	*producirse, pasar, ocurrir*
to steal, **stole**, **stolen**	*robar*
to empty	*vaciar*
to iron / **do the ironing**	*planchar*
to look after	*ocuparse de*
to call off	*anular*
to look up	*levantar la vista, buscar información en una obra de referencia*

Sustantivos

goods (siempre plural)	*producto(s), mercancía(s)*
head	*jefe* (jerarquía)
issue	*tema, punto, problema, etc.*
poem **poet** **poetry**	*poema* *poeta* *poesía*
purchasing	*compras*
salesman, **saleswoman**, **salesperson**	*vendedor(a), dependiente(a)*
sheet (ropa)	*sábana*
thief (pl. **thieves**)	*ladrón*

Adjetivos

missing	*perdido, desaparecido*
several	*varios*

Unit 29
ANSWERS

Basics

YOUR SCORE:

PAGES 280-281 – La voz pasiva afirmativa
1 B | 2 A | 3 A | 4 B | 5 C
1 B | 2 C | 3 A | 4 B | 5 B

PAGES 281-283 – La voz pasiva: formas interrogativa y negativa
1 A | 2 C | 3 A | 4 B | 5 A
1 B | 2 A | 3 A | 4 C | 5 B

PAGES 283-284 – La voz pasiva: estructura sin sujeto
1 B | 2 B | 3 A | 4 C | 5 C
1 C | 2 B | 3 A | 4 C | 5 A

PAGES 285-286 – Las conjunciones temporales
1 A | 2 B | 3 C | 4 B | 5 B* | 6 C | 7 A | 8 B | 9 C | 10 B
* Esta cita es la primera línea de un hermoso poema escrito por el gran escritor irlandés W.B. Yeats, inspirado en los versos de Ronsard (*Cuando seas muy vieja...*).

PAGE 286 – Los verbos con partícula (continuación)
1 A | 2 A | 3 B | 4 A | 5 C

PAGE 287 – **What** / **That** / **Which** (continuación)
1 A | 2 A | 3 C* | 4 C | 5 B
* **That** puede sustituir al segundo **which** (ver recuadro Hint).

PAGES 287-288 – Vocabulario temático: las redes sociales
1 A, B y C* | 2 A y C ** | 3 B | 4 B*** | 5 C | 6 A y B | 7 C**** | 8 C | 9 B y C |
10 C*****
* El español a menudo se contenta con un solo nombre genérico para representar varios elementos del mismo campo (por ejemplo, deportes de agua), mientras que el inglés permite un análisis más detallado. Por lo tanto, las tres respuestas aquí corresponden a la palabra *usuario de internet*.
** Aparte de las redes sociales, **a nickname** también significa *un apodo*. El significado literal de **a handle** es *un asa* o *un mango*, por el cual uno puede «agarrar» o identificar a quien lo lleva.
*** Las tres palabras traducen un tipo de hilo (**wire**, *alambre*, **cord**, *cable eléctrico*) pero **a thread** es el término apropiado en este contexto.
**** Más conocido como **a QR** [kiu ar] **code**.
***** **a count**, *un conde*

¿Has obtenido entre 0 y 15? Revisa todas las preguntas para repasar los errores que has cometido.
¿Has obtenido entre 16 y 31? No está mal, pero todavía lo puedes hacer mejor.
¿Has obtenido entre 32 y 49? ¡Genial! Analiza los errores y, si es necesario, revisa los conceptos que más dificultades te presentan.
¿Has obtenido 50 o más? You're really very good!

Focus *To get*: con el participio pasado

Elige la opción correcta.

Answers p. 300

1. Arthur and Liza _____ in a church but they _____ in Las Vegas.
   - A got married – got divorced
   - B married themselves –divorced themselves
   - C got marry – got divorce

2. – Reggie is unemployed? – Yes, he _____ last week.
   - A get fired
   - B got fired
   - C get unemployed

3. Los Angeles is so big. I _____ every time that I visit.
   - A get lose myself
   - B get loose myself
   - C get lost

4. I need to take a shower and _____ before I go out to dinner.
   - A get changed
   - B get a change
   - C get replaced

5. I'm sorry that we are late. We _____ in traffic in Commercial Road.
   - A get stick
   - B got stuck
   - C got sticked

Hint Seguido de un participio pasado, **to get** a menudo corresponde a un verbo pronominal en español (**to get married**, *casarse;* **to get tired**, *cansarse*, etc.). Recuerda que el participio es invariable.

Seguimos.

1. There was a lot of beer at the party and we _____ very quickly.
   - A get drinks
   - B got drunk
   - C get drink

2. I'm broke and I don't _____ until the end of the month.
   - A got paid
   - B get paid
   - C got my pay

3. We have to reach Bristol in an hour. We must _____ immediately.
   - A get gone
   - B get parted
   - C get started

4. Five workers _____ in an explosion yesterday.

A got injured

B get injured

C were getting injured

5. Because of their illness, some patients _____ very quickly.

A get tire   B get tiring   C get tired

Focus Fórmulas de cortesía

Elige la opción que corresponde a la frase en español. (Puede haber más de una respuesta válida).

1. *¿Puedo presentarle a nuestro invitado, Samuel Fuller?*

A Can I show you our host, Samuel Fuller?

B May I introduce our guest, Samuel Fuller?

C Can I present our invite, Samuel Fuller?

2. *De nada / No hay de qué.*

A You're welcome.   B For nothing.   C Don't mention it.

3. *Saludos cordiales.*

A Nice and cordial.   B Best regards.   C Kind thought.

4. *¿Podemos dejar un mensaje, por favor?*

A May we leave a message please?

B Can we leave a message please?

C Can we left a message, please?

5. *¿En qué le puedo ayudar?*

A How may I be of assistance?

B How may I to help?

C How can I aid you?

Answers p. 300

Hint En el uso común, y especialmente en la correspondencia, hay algunas formulas establecidas que pueden ser útiles (ver más abajo). Los deseos que en español comienzan con *Buen...* (*viaje*, *provecho*, etc.) a menudo se traducen con **Have a(n)**...

Aquí tienes otra serie:

1. *Buenos días, señora.*
   - A Good morning madam.
   - B Good night madam.
   - C Have a good morning madam.

Answers p. 300

2. *Atentamente.*
   - A Please agree to my respectful feelings.
   - B Yours faithfully.
   - C Please accept me truly.

3. *Buen fin de semana.*
   - A Enjoy your weekend.
   - B Safe weekend.
   - C Have a nice weekend.

4. *¡Buen viaje!*
   - A Have a nice voyage.
   - B Enjoy your trip.
   - C Have a good trip.

5. *¡Buen provecho!*
   - A Enjoy your meal.
   - B Bon appétit!
   - C Good appetite!

Focus Expresiones útiles para una conversación telefónica

Elige la opción que corresponde al español. (Puede haber más de una respuesta válida).

1. *No cuelgue, por favor.*
   - A Please hold.
   - B Please hang.
   - C Hold on please.

2. *Me puede localizar en este número.*
   - A She can join me at this number.
   - B She can reach me at this number.
   - C She can reach I at this number.

Answers p. 300

3. *¿De parte de quién?*
   - A Who calls?
   - B Who is calling?
   - C Who is at the phone?

4. *¿Para qué tema / asunto es?*
   - A Who is this regarding?
   - B This is about what subject?
   - C What is this regarding?

5. *No está en su despacho.*
   - A He's not in his office.
   - B He's away from his desk.
   - C He's not to his office.

Hint Como en español, el lenguaje telefónico profesional tiene un código: basta con aprender una docena de expresiones. Es mejor **May I...?** que **Can I...?** en una situación formal (ver Unit 12), y ten en cuenta las expresiones básicas (**I'll put you through**, **Please hold**, etc.).

Aquí tienes otra serie:

1. *¿Puedo hablar con el director?*
   - A Can I speak to the manager?
   - B May I speak to the manager?
   - C Might I to speak to the manager?

2. *Comunica.*
   - A The line is busy.
   - B The line is engaged.
   - C The line is occupied.

3. *Le paso enseguida.*
   - A I'll put you up straight away.
   - B I'll put you through straight away.
   - C I'll transfer you immediately.

Answers p. 300

4 *¿A quién debo anunciar?*
   - A Who may I say is calling?
   - B Who must be calling?
   - C Who may I announce?

5. *La señora Redondo está ocupada con un cliente.*
   - A Mrs Redondo is tied with a customer.
   - B Mrs Redondo is tied up with a customer.
   - C Mrs Redondo is tied to a customer.

6. *Me pueden localizar en este número.*
   - A They can reach to me at this number.
   - B They can join me at this number.
   - C They can reach me at this number.

Focus Los verbos irregulares (pasado y *present perfect*)

Pon estos verbos en pasado simple (PS) o en present perfect *(PP):*

1. The game is over because the referee (to blow, PP) the whistle.
   A has blew — B has blown — C has blewn
2. – Did you take the tram? – No, we (to drive, PS).
   A driven — B drove — C drive
3. He was a songwriter who (to write, PS) hits for other artists.
   A wrote — B written — C writ

4. The market for organic food (to grow, PP) quickly in the last ten years.
   A has grew B has grow C has grown

5. She (to wear, PS) a yellow skirt and a red coat when she went to the reception.
   A wire B worn C wore

Hint Como hemos explicado en la Unit 18, los verbos irregulares se pueden dividir en varios grupos siguiendo un modelo: pasado simple y participio pasado terminan con **-ought / -aught** (**think**, **bring**); pasado simple formado con «**o**» intermedia y participio con «**-n**» (**to break**, **to speak**); la «**ee**» intermedia se convierte en una sola «**e**» para el pasado y el participio (**to keep**, **to sleep**). Si se memorizan estas diferentes estructuras, los verbos «fuertes» son más fáciles de aprender.

Seguimos.

1. Good morning doctor. I (to come, PP) to see you about my headaches.
   A 've came B 've come C 's come

2. Liam is a great guy. We (to know, PP) him since we were at high school.
   A have knew B have know C have known

3. I (to ring, PP) Jim three times this morning but he is not answering his phone.
   A have rung B has ring C have ringed

4. I (to think, PP) a lot about my future career but I don't know what to do.
   A have thunk B have thought C have though

5. Ouch! I (to hit, PS) my knee on the table and it hurts.
   A hat B hit C hot

Focus Preposiciones / adverbios de movimiento y de dirección (cont.)

Completa las siguientes frases con la opción correcta.

1. Come _____ the house. It's starting to rain.
   A inside B outside C at

2. We walked _____ the beach then went for a swim.
   A into B along C behind

3. Her dream is to sail _____ the world in forty days.
   (A) through (B) about (C) around

4. Hurry up, the limousine is waiting _____ the main entrance.
   (A) upside (B) outside (C) above

5. I have left the door key _____ a flower pot near the window.
   (A) along (B) over (C) underneath

6. I saw a van coming _____ me at very high speed.
   (A) to (B) towards (C) award

7. The cat jumped _____ the table and started to eat my sandwich.
   (A) into (B) onto (C) to

8. – What was the first bridge _____ the Thames? – Tower Bridge.
   (A) cross (B) across (C) criss-cross

9. You must be tired, going _____ the stairs all day.
   (A) up and down (B) in and out (C) down and up

10. Mac went _____ all day between the kitchen and the back yard to organi-ze the barbecue.
   (A) in and out
   (B) backwards and forwards
   (C) inside and outside

Answers p. 300

Hint Algunas de estas palabras son a la vez preposición y adverbio (**across**, **along**, **around**, **outside**, **underneath**, **across**). Por el contrario, **backward** y **forward** son adjetivos, a los que agregamos una «s» para formar un adverbio: **backwards**, **forwards**.

Focus Vocabulario temático: la telefonía

Elige la traducción correcta. (Puede haber más de una respuesta válida).

1. *una tecla almohadilla*
   (A) a hash key (B) a pound key (C) a sharp key

2. *una tecla asterisco*
   (A) an asterisk key (B) a star key (C) a spot key

3. *descolgar (teléfono)*
   - A to unhook
   - B to pick up
   - C to disconnect

4. *un prefijo*
   - A a theme tune
   - B a code
   - C an indicative

5. *un teclado (teléfono)*
   - A a keypad
   - B a keyboard
   - C a key set

6. *información telefónica*
   - A directory enquiries
   - B number information
   - C directory assistance

7. *prepago*
   - A subscriptionless
   - B prepaid
   - C pay-as-you-go

8. *número de abonado*
   - A subscriber number
   - B a subscription
   - C pay-all-the-time

9. *tarifa plana*
   - A plain rate
   - B no-extra rate
   - C flat rate

Answers p. 300

10. *una recarga*
   - A a top-up
   - B a reload
   - C a recharge

Verbos — VOCABULARY

to get changed	*cambiarse* (ropa)
to get drunk	*emborracharse*
to get fired	*ser despedido*
to get lost	*perderse*
to get paid	*cobrar (el sueldo)*
to get stuck	*estar atascado*

to get tired	*cansarse*
to reach	*localizar*
to stick, stuck, stuck	*pegar, bloquear*
to tie up **to be tied up with**	*atar* *estar ocupado con*

Adverbios, pronombres, etc.

across	*de un lado a otro*
along	*a lo largo*
backwards **forwards** **backwards and forwards**	*hacia atrás* *hacia adelante* *a lo largo y ancho*
behind	*detrás*
inside / outside	*dentro / fuera*
right away, straight away	*enseguida*
towards	*hacia*
underneath	*debajo*

Sustantivos

church	*iglesia*
thought	*pensamiento*
yard	*patio, jardín* (US)

Adjetivos

loose	*aflojado, suelto* **Nota:** no confundir con **lose**, *perder.*

Unit 30
ANSWERS

YOUR SCORE:

Basics

PAGES 291-292 – **To get**: con el participio pasado
1 A | 2 B | 3 C | 4 A | 5 B
1 B | 2 B | 3 C | 4 A | 5 C

PAGES 292-293 – Fórmulas de cortesía
1 B | 2 A y C* | 3 B | 4 A y B** | 5 A
1 A | 2 B | 3 A, B y C | 4 A y C | 5 A y B
* **You're welcome** (lit. «eres bienvenido») se usa sobre todo en inglés americano.
** **May I** es más formal que **Can I**.

PAGES 293-295 – Expresiones útiles para una conversación telefónica
1 A y C | 2 B | 3 B | 4 C | 5 A
1 A, B y C* | 2 A y B** | 3 B | 4 A | 5 B | 6 C
* En orden creciente de cortesía.
** El primero es británico y el segundo americano.

PAGES 295-296 – Los verbos irregulares (pasado y *present perfect*)
1 B | 2 B | 3 A | 4 C | 5 C
1 B* | 2 C | 3 A** | 4 B | 5 B
* La conjugación irregular de **to come** se aplica a **to become** (*convertirse, llegar a ser*) y **to overcome** (*superar*), pero no a **to welcome** (*acoger*).
** La conjugación irregular de **to sing** se aplica a **to ring** (*llamar*).

PAGES 296-297 – Preposiciones / adverbios de movimiento y de dirección (continuación)
1 A | 2 B | 3 C | 4 B | 5 C* | 6 B | 7 B | 8 B | 9 A | 10 B**
* O **under** (ver Unit 10).
** O **back and forth**, esta última es la forma antigua de **forward**.

PAGES 297-298 – Vocabulario temático: la telefonía
1* A y B | 2 A y B | 3 B | 4 B | 5 A | 6** A y C | 7 B y C | 8 A | 9 C
10 A ***
* a) = US, b) = GB. Ten en cuenta que **sharp** significa *sostenido* en un contexto musical (**C sharp** *do sostenido*).
** a) = GB; c) = US. El sustantivo **enquiries** a veces se escribe **inquiries**, aunque existe una ligera diferencia de significado entre las dos palabras.
*** Se dice **to recharge a battery**, *recargar una batería*, pero el significado de **to reload** es, por ejemplo, *refrescar* o *volver a cargar* una página de internet.

0 - 15 ¡Repasa!; **16 - 31** ¡Bien!; **32 - 49** ¡Estupendo!; **50 y más** You're really very good!

Depósito legal: septiembre, 2020
N.º de edición 4011
ISBN: 9782700508826

Impreso en Romania por Tipografia Real
septiembre 2020
www.assimil.com